AF357629

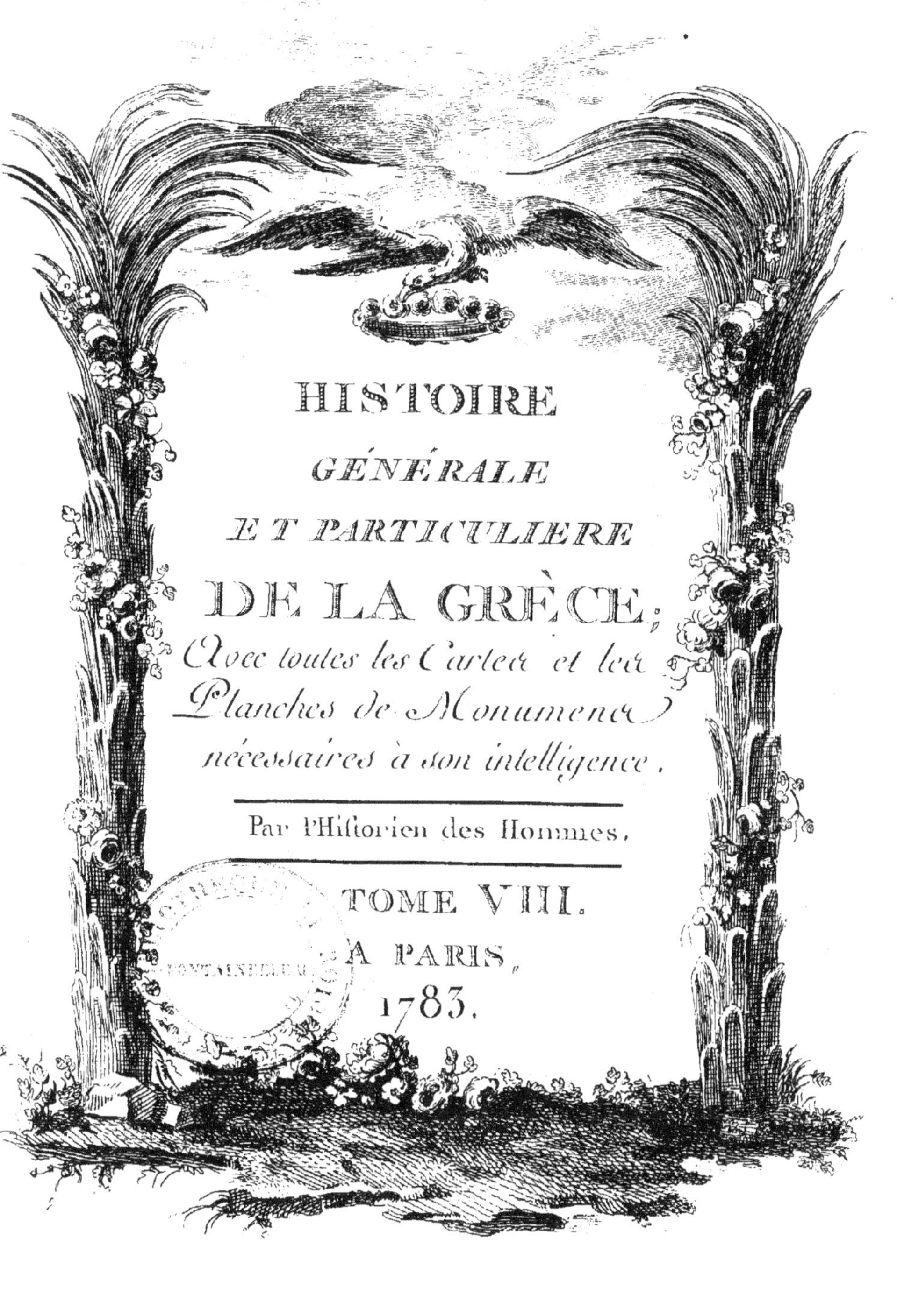# HISTOIRE

GÉNÉRALE

ET PARTICULIERE

DE LA GRÈCE;

Avec toutes les Cartes et les Planches de Monumens nécessaires à son intelligence.

Par l'Historien des Hommes.

TOME VIII.

A PARIS,

1783.

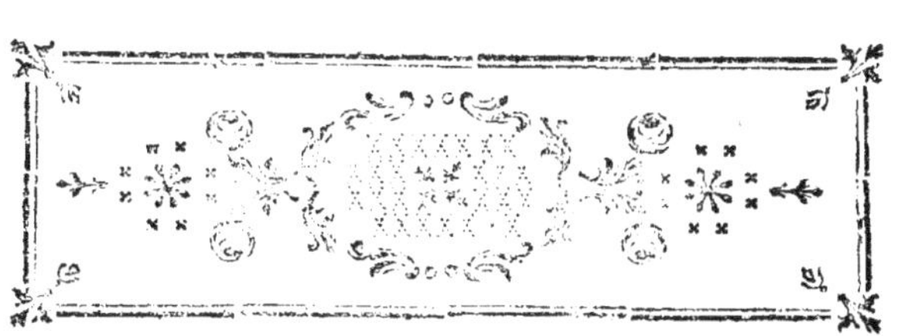

HISTOIRE

DE

LA GRÈCE.

D'ARCHIMÈDE,

ET DE SES DÉCOUVERTES EN MÉCHANIQUE (a).

Syracuse libre, avait lutté, avec avantage, contre Athènes : protégée par le génie de l'ancien Denys, elle avait

(a) *Plutarch.* in Marcel.; *Athen.* Deipnofoph. lib. 5 ; *Hift. des Mathémat.* de Montucla.

vu se briser, contr'elle, les forces de Carthage. Mais, que pouvait-elle contre Rome conquérante, au moment où, déchirée par des dissentions civiles, ne sachant ni obéir à des Rois, ni se gouverner elle-même, elle usait le peu de ressort qui lui restait pour se détruire? Heureusement quand tout concourait à précipiter sa perte, un simple citoyen vint la retarder, & entourer, de quelques rayons de gloire, la décadence de sa patrie. Ce citoyen n'avait ni la puissance d'un Denys, ni la bravoure guerrière d'un Timoléon: il était homme de génie, & voilà tout. On voit assez que je veux parler d'Archimède.

Archimède était de la famille royale de Gélon : aussi, quand Cicéron l'a appellé un homme obscur, un homme de néant (a), il semble, malgré toute sa

______

(a) *Humilem homuncionem à pulvere & radio excitabo.* Voy. *Tuscul.* lib. 5.

philofophie, avoir adopté l'orgueil Romain ; langue, fuivant laquelle on n'était rien, quand on n'était pas né fur les bords du Tibre.

On ne fait rien de la jeuneffe d'Archimède ; car il ne fut, de très-bonne heure, qu'un grand Géomètre, & l'Hiftoire, qui s'étend, avec complaifance, fur les révolutions bruyantes, qui s'opèrent autour des trônes, dédaigne de s'occuper des loifirs pacifiques du Philofophe. Le fecond Hyéron, qui aimait les arts, tira Archimède de fon cabinet, & l'engagea à rendre utiles à la patrie fes fpéculations fublimes. Alors, tirant de fon berceau l'art des Eudoxe & des Architas, il créa, pour ainfi dire, la Méchanique.

Les premiers effais d'Archimède furent des triomphes, & il en parla avec un enthoufiafme, qui dut paraître bien abfurde, dans une Cour, où l'art par excellence était celui d'égorger les hommes en bataille rangée. Un jour qu'il expliquait, à Hyéron, les merveilles des forces mouvantes, il lui dit, que s'il pouvait trouver un point d'appui dans une autre planète, il n'aurait besoin que d'un simple levier, pour imprimer le mouvement qu'il voudrait, au globe que nous habitons. Cette proposition fut reçue, par une Cour ignorante, avec le sourire du dédain ; pour le Roi, qui avait le bon esprit de ne point dédaigner ce qu'il ne connaissait pas, il pria Archimède de mettre cette vérité mathématique à sa portée, en remuant, avec la plus petite force connue, le plus énorme des fardeaux.

Le Géomètre, ravi de punir le dédain superbe de ses détracteurs, choisit une des plus fortes galères qui se trouvaient dans le port de Syracuse, double sa charge ordinaire, adapte, à sa proue, une machine qu'il avait imaginée ; ensuite, assis tranquillement, à une grande distance du rivage, il amène la galère à ses pieds, par terre, avec la même légéreté, que si des rameurs, dans un tems calme lui avaient fait fendre la surface des mers.

Archimède, quelque tems après, prêta, par son génie, un nouveau sujet de surprise à la Cour de Syracuse, en donnant la solution du fameux problême de la couronne.

Hyéron avait donné de l'or, en lingot, à un Artiste Grec, pour lui faire une couronne de ce métal. Cet or était au titre qu'il fallait, pour que l'ouvrage eût une certaine solidité, & il avait été défendu à l'Artiste d'en augmenter l'amalgame. Cependant, celui-ci vola une partie du métal précieux, &, en rendant une couronne du poids de l'or en lingot, il s'imagina que son larcin ne serait jamais découvert. La couronne fut éprouvée avec la pierre de touche, & le nouvel amalgame reconnu. Hyéron, voulant convaincre le coupable, & ne point gâter son ouvrage, qui était d'un travail exquis, pria Archimède de déterminer, par des calculs mathématiques, la quantité d'alliage, sans mettre une partie de la couronne dans le creuset. Le Géomètre s'occupa long-tems, en vain, du problême, parce qu'il n'avait point de données pour le résoudre.

Un jour qu'il entrait dans un bain public, il observa qu'à mesure que son corps pénétrait dans l'eau, le fluide s'élevait par-dessus ses bords, il en conclut que tout corps, plongé dans un fluide, en déplace un volume égal à son poids, & ce trait de lumière le conduisit à la solution du problême de la couronne. Transporté de sa découverte, il s'élance de son bain à demi-nud, & traverse les rues de Syracuse, en criant, *je l'ai trouvé.* Cette découverte à cause du ridicule qui résulta de la distraction, fut celle que l'envie pardonna le plus aisément à Archimède.

Le problême de la couronne fit germer, dans la tête du Philosophe, une foule d'autres idées heureuses sur cette science du mouvement des fluides, qu'on appelle l'hydraulique. Une des plus célèbres de ce genre, que l'Antiquité lui attribue, est celle de la vis inclinée;

l'Egypte , inondée, périodiquement, par les débordemens du Nil , avait cherché, depuis un grand nombre de fiècles , un moyen fimple d'accélérer l'écoulement des eaux , vers le tems de leur retraite. Le Géomètre de Syracufe imagina , pour les cultivateurs des plaines arrofées par ce fleuve , un cylindre auquel on adaptait foit dedans , foit dehors, un tuyau, travaillé en forme de vis , & qui puifait l'eau en l'élevant, à mefure qu'on tournait le cylindre : cette machine ingénicufe eft connue fous le nom de vis d'Archimède.

Outre la vis inclinée , Archimède trouva la vis fans fin , efpèce de vis qui engraine dans une roue dentée, & qui fert à prolonger le mouvement pendant un long intervalle , en furmontant les plus grandes réfiftances.

Voilà à peu-près à quoi fe réduifent, pour la théorie, les connaiffances qui nous reftent fur les quarante machines, dont Pappus fait honneur de la découverte au génie d'Archimède.

La fameufe galère, dont Athénée s'eft fait l'Hiftorien, eft plus connue par fes effets, que par le méchanifme de fa conftruction. Archimède, dit le Sophifte, employa une année entière à la faire conftruire ; elle était à vingt rangs de rames, & avait moins l'air d'un logement de matelots, que d'un palais digne d'être habité par les Rois de Syracufe.

On avait conftruit ce navire à trois étages, l'intermédiaire était le plus diftingué : on y comptait trente appartemens affez vaftes pour contenir chacun quatre lits. Le pavé, de mofaïque, repréfentait tous les tableaux de l'Iliade.

Sur le tillac, fe trouvait un gymnafe, qui communiquait à des jardins décorés en berceaux.

Archimède, comme on s'en doute bien, n'avait pas oublié de placer, dans cet édifice flottant, une bibliothèque ; mais ce qui a droit à notre furprife, c'eft le luxe Oriental avec lequel l'homme le plus fimple & le plus modefte s'y était

plu à décorer ce qu'il appellait le pavillon
de Vénus : le toit & les lambris en étaient
de bois de cyprès, les peintures les plus
recherchées embelliſſaient les embraſures
des fenêtres, & le pavé était formé d'aga-
thes & de pierres précieuſes : ſi l'imagination d'Athénée n'a pas fait une partie
des frais de ſon récit, le vaiſſeau d'Archimède ſemblerait moins propre à donner
une idée du goût d'Hyéron pour les arts,
qu'à conſacrer les jouiſſances des Cléopâtre
& des Sardanapale.

Le Géomètre de Syracuſe, outre la
décoration intérieure de ſa galère, avait
ſongé à ſa défenſe ; elle était fortifiée de
huit tours, ſurmontées chacune d'un parapet, d'où l'on pouvait décocher des
traits contre l'ennemi. Les trois mâts,
placés ſur le tillac, ſoutenaient autant de
catapultes : il y en avait une, ſur-tout,
dont le Philoſophe avait donné l'idée, &
qui lançait des flèches de dix-huit pieds &
des pierres de trois quintaux, à la diſtance
d'un ſtade : cet appareil formidable de

défenſe était couronné par un rempart de fer, deſtiné à empêcher l'abordage.

Quand la galère d'Archimède fut achevée, il ſe trouva qu'aucun port de la Sicile ne pouvait la contenir ; alors Hyéron, profitant d'une diſette dont l'Egypte était affligée, ordonna qu'on la chargeât de vivres, & en fit préſent à Ptolémée Philadelphe.

MIROIR ARDENT D'ARCHIMEDE.

D U

MIROIR ARDENT D'ARCHIMÈDE (*a*).

ARCHIMÈDE ne se borna pas à étonner, par son génie, ses contemporains; il voulut encore servir sa patrie, quand il ne serait plus, en inventant, pour elle, des machines de guerre, propres à la préserver des périls d'un siége : il ne prévoyait pas, sous le règne pacifique d'Hyéron, qu'il serait le premier qui dirigerait ces machines meurtrières, & que leur effet terrible n'empêcherait pas le désastre de Syracuse.

Parmi les machines que cet homme de génie imagina, pour retarder la prise

_____

(*a*) *Galien.* lib. 3 ; *Zonar.* Hist. Rom. ; *Tzetz.* Chiliad. lib. 35 ; *Hist. Natur.* de M. de Buffon, Supplém. tome 2.

de la métropole de la Sicile, la plus étonnante, peut être, est celle du miroir ardent, avec lequel il concentra les feux du Soleil, pour brûler, à une distance immense, la flotte de Marcellus. La difficulté d'expliquer le méchanisme d'un pareil miroir, engagea Descartes, & la plûpart des Physiciens qui le suivirent, à mettre les feux, qu'avec son secours lançait Archimède, avec ceux que le Jupiter d'Homère lança, dans la même Sicile, contre Briarée & Encelade.

Le sage Rollin, qui ne se piquait pas d'être plus Physicien que Descartes, son maître, s'exprime ainsi sur la fameuse découverte du Géomètre de Syracuse (a). « On parle d'un miroir ardent, par le « moyen duquel Archimède brûla une « partie de la flotte Romaine. L'invention « serait rare. Nul Auteur ancien n'en « parle ; c'est une tradition moderne,

(a) *Hist.* ancienne, tome X, pag. 79.

» qui n'a nul fondement ; les miroirs
» ardens étaient connus de l'Antiquité,
» mais non de cette forte qui paraît
» même impraticable «.

Les Compilateurs de la prétendue
Hiſtoire Univerſelle Anglaiſe, qui ont
tant copié Rollin, au lieu de le redreſſer,
n'ont pas manqué de traiter de fable, à
ſon exemple, l'étonnante découverte
d'Archimède : ils ont écrit que l'invention du miroir ardent ne remontait
pas plus haut que l'an 500 de l'Ere vulgaire, époque où Proclus brûla, avec des
machines de ce genre, la flotte de Vita-
lien, qui aſſiégeait Conſtantinople (a).

Cette anecdote, ſur Proclus, ne nous
a été tranſmiſe que par Zonare : or, cet
Hiſtorien du douzième ſiècle dit poſiti-
vement que Proclus ne fit que renou-
veller la découverte d'Archimède ; le

(a) *Hiſt. Univerſ.* édit. in-8°. tome XI. pag.
468.

texte mérite d'être tranfcrit, ici foit pour donner une idée de la manière dont les Auteurs de la Compilation Anglaife lifaient les originaux, foit pour nous mettre à portée d'apprécier le génie d'Archimède.

» La flotte des Barbares, dit l'Ecrivain
» de l'Empire Grec, fut embrafée par
» l'adreffe de Proclus : ce Géomètre con-
» naiffait toutes les machines d'Archimède.
» Placé fur les remparts de Conftantino-
» ple, il reçut les rayons du foleil fur des
» miroirs d'airain, &, à l'aide de ces
» rayons raffemblés & réfléchis, il em-
» brafa l'air. Tous les vaiffeaux, qui
» mouillaient dans la fphère de leur ac-
» tivité, furent à l'inftant mis en cendre.
» C'eft ainfi que les miroirs ardens d'Ar-
» chimède brûlèrent autrefois les vaif-
» feaux de Marcellus, qui faifaient le
» fiége de Syracufe (a) ".

On peut encore pardonner, aux Ré-

____

(a) *Zonar. Hiftor. Rom. Sub. Anaftaf.*

dacteurs de la Compilation Anglaife, de n'avoir pas lu les ouvrages qu'ils citoient. Mais, comment fe font-ils obftinés à refufer de rendre juftice au grand Géomètre de la Sicile, puifque, dès 174~ ( ), le Monde favant retentiffait du Mémoire de M. de Buffon fur la découverte du miroir ardent d'Archimède ?

L'ingénieux Auteur de l'Hiftoire Naturelle, qui n'avait pu tenter des expériences fur le miroir de Syracufe, fans avoir lu auparavant ce que les Anciens en avaient dit, fut conduit, comme par la main, à fa découverte, foit par le texte de Zonare, foit par celui de Tzetzès; ce dernier, non content de parler des effets du miroir d'Archimède, en explique ainfi la conftruction.

» Lorfque les vaiffeaux Romains, dit-

____

(*a*) C'eft à cette époque que le Mémoire de M. de Buffon fut imprimé dans le Recueil de l'Académie des Sciences de Paris. L'*Hiftoire de la Grèce*, dans la Compilation Anglaife, eft très-poftérieure à la publication de ce Mémoire.

» il, furent à la portée du trait, Archi-
» mède fit faire une espèce de miroir
» hexagone, & d'autres plus petits, de
» vingt-quatre angles chacun, qu'il plaça
» à une distance proportionnée, & qu'on
» pouvait mouvoir soit à l'aide de leurs
» charnières, soit à l'aide de certaines
» lames de métal : il plaça le miroir hexa-
» gone de façon qu'il était coupé, par le
» milieu, par le méridien d'hiver & d'été,
» ensorte que les rayons du soleil, reçus
» sur ce miroir, venant à se briser, allu-
» mèrent un grand feu, qui réduisit en
» cendres les vaisseaux Romains, quoi-
» qu'éloignés à la portée du trait (*a*) «.

Le Jésuite Kircher, & l'Académicien
Dufay, en commentant ces deux textes
du douzième siècle, se virent sur la route
du miroir d'Archimède.

» En effet, dit M. de Buffon, le passage

(*a*) *Tzetz*. Chiliad. lib. 3 5 ; je me sers de
la traduction même de M. de Buffon.

» sur-tout,

» fur-tout, du dernier Ecrivain, paraît
» affez clair. Il fixe la diftance à laquelle
» Archimède a brûlé. La portée du trait
» ne peut guères être que de 150 ou 200
» pieds. Il donne l'idée de la conftruc-
» tion, & fait voir que le miroir d'Ar-
» chimède pouvait être compofé, comme
» le mien, de plufieurs petits miroirs, qui
» fe mouvaient par des mouvemens de
» charnières & de refforts ; enfin, il in-
» dique la pofition du miroir, en difant
» que l'hexagone, autour duquel étaient
» les autres, était coupé par le méridien ;
» ce qui veut dire apparemment que le
» miroir doit être oppofé directement au
» foleil ; d'ailleurs, le miroir hexagone
» était probablement celui dont l'image
» fervait de mire pour ajufter les autres,
» & cette figure n'eft pas tout-à-fait in-
» différente, non plus que celle de vingt-
» quatre angles, ou vingt - quatre côtés
» des petits miroirs. il eft aifé de fentir qu'il
» y a, en effet, de l'avantage à donner à
» ces miroirs une figure polygone d'un

» grand nombre de côtés égaux , afin que
» la quantité de lumière foit moins iné-
» galement répartie dans l'image réflé-
» chie «.

Le vengeur d'Archimède avait, depuis
long-tems , obfervé que le meilleur des
miroirs , par réflexion , ne brûlait tout
au plus qu'à vingt pieds de diftance. Ses
connaiffances , dans la phyfique des anciens, lui avaient appris auffi que le Géomètre de Syracufe n'avait pu opérer la
deftruction de la flotte Romaine , qu'à
l'aide des miroirs-plans ; car , comment
imaginer qu'à cette époque les Grecs euffent pu exécuter des miroirs concaves
d'un auffi énorme foyer que l'aurait exigé
l'incendie d'une flotte , mouillée au moins
à cent cinquante pieds des remparts ; eux
qui ne favaient ni faire de grandes maffes
de verre , ni les couler pour en fabriquer
des glaces ? C'était donc avec une certaine
quantité de miroirs - plans , formés du
métal le plus poli , qu'Archimède embrafa les vaiffeaux qui bloquaient les murs

de sa patrie. D'après ces réflexions, dont la simplicité n'exclud pas le mérite, l'ingénieux Physicien conçut l'idée d'une machine, pour faire coïncider, au même point, les images du soleil, réfléchies par un grand nombre de glaces planes. Elle fut exécutée d'après ses vues, & consistait dans un assemblage de 168 glaces étamées, de 6 à 8 pouces chacune, éloignées les unes des autres d'environ quatre lignes ; de manière qu'elles pussent se mouvoir en tous sens, & indépendamment de leurs voisines, & que les quatre lignes d'intervalle servissent non - seulement à la liberté du mouvement, mais encore à laisser voir, à celui qui opère, l'endroit où il faut conduire ses images. Au moyen de cette construction, il était évident qu'on pouvait faire tomber, sur le même point, les 168 images, & par conséquent brûler à plusieurs distances, comme trente, quatre-vingt, cent, deux cents pieds, & à toutes les distances intermédiaires. L'expérience fut faite, en 1747, au Jardin du Roi, en dirigeant le foyer de 128 de ces glaces à la distance de cent cinquante pieds, le feu prit à l'instant à une planche de sapin goudronnée, & l'incendie gagna à-la-fois toute l'étendue du foyer, quoiqu'il eût seize pouces de diamètre.

C'est ainsi que le Pline de la Nation joignit, à des raisonnemens pleins de force, l'éloquence des faits, plus persuasive encore, pour venger, contre des détracteurs ignorans ou jaloux, la gloire d'Archimède.

J'ai été entraîné quelquefois par cet enthousiasme pour la vérité, qui fera peut-être un jour le caractère distinctif de l'Histoire des Hommes, à me jouer (quoique toujours avec décence) des ornemens fantastiques que M. de Buffon a ajoutés au grand édifice de la Nature; forcé de défendre dans l'arène, je combattais alors avec répugnance : je me retrouve aujourd'hui dans mon élément, quand l'occasion se présente de louer cet Écrivain justement célèbre. La franchise

avec laquelle j'ai refuſé d'allier ſes Rêveries
ſur la formation des Mondes, avec mon
Hiſtoire du Globe, ajoutera même encore un nouveau poids à l'éloge de ſes
chef-d'œuvres, à l'admiration que fait
naître ſon magnifique Traité de l'Homme,
& ſa Découverte du Miroir d'Archimède.

SIÉGE MÉMORABLE

DE

SYRACUSE (a).

Marcellus, qui s'était déja essayé dans la carrière de la gloire, en vainquant Annibal, n'avait pas eu besoin d'épouser le ressentiment de ses Ambassadeurs, pour se déterminer à ajouter à ses exploits la prise de Syracuse ; il s'annonça par le plan d'attaque le plus formidable ; car il assiégea la place par terre du côté de l'Hexapyle, & par mer en face de l'Achradine. Les troupes de terre étaient sous les ordres d'Appius, & lui-même diri-

____

(a) *Tit. Liv.* lib. 24 ; *Polyb.* lib. 8 , cap. ; ; *Plutarch.* in Marcell.

geait les manœuvres de la flotte Romaine, composée de soixante galères, à cinq rangs de rames, montée par des hommes de traits, destinés à écarter les assiégés, tandis que le bélier battait les murailles.

Syracuse était dans l'abattement de la terreur ; mais bientôt Archimède vivifia tout par son génie. Ce grand homme avait placé, sur les remparts, des machines avec lesquelles il décocha, contre les troupes de terre, des pierres d'un poids énorme, qui, lancées avec la rapidité de l'éclair, portaient la mort partout où elles pouvaient atteindre, renversaient des rangs entiers, & présentaient, aux pieds des murs, l'image d'une défaite.

Les Romains, dont le desir de la vengeance redoublait encore la bravoure, foulant aux pieds les corps palpitans de leurs compagnons, montèrent à l'assaut ; mais Archimède, qui voulait sauver sa patrie, en ménageant le sang de ses défenseurs, avait fait pratiquer, dans le mur, des ouvertures d'une coudée, par

lesquelles les assiégés lançaient leurs flèches sans danger, renversaient les béliers,
& brisaient les échelles.

Marcellus ne fut pas plus heureux du
côté de la mer. Les catapultes d'Archimède, placées derrière les remparts de
l'Achradine, faisaient tomber, sur les
galères Romaines, des poutres, chargées
d'un poids énorme, qui les fracassaient;
quelquefois on voyait partir, de la ville,
une main de fer, attachée à une longue
chaîne, qui, saisissant un navire par la
proue, l'élevait en l'air par le moyen
d'un contre-poids, ensuite le laissait re-
tomber sur la pouppe, & le submergeait;
dans d'autres momens, les machines terribles, ramenant le vaisseau vers la terre,
avec des crocs & des cordages, après
l'avoir fait long-tems pirouetter, le fracassaient contre les pointes des rochers qui
bordaient le rivage. » A chaque instant,
» dit Plutarque, que je ne fais ici que
» transcrire, on voyait des galères, en-
» levées dans les airs, tournoyer avec ra-

» pidité ; en même-tems, les hommes
» qui les montaient, difperfés par la vio-
» lence du mouvement, étaient jettés au
» loin, comme la pierre avec la fronde ;
» ce qui durait jufqu'à ce que les galères
» elles-mêmes allaffent fe brifer contre
» les remparts, ou que, fe détachant du
» croc qui les tenaient fufpendues, elles
» s'abîmaffent dans la mer avec le refte
» de leur équipage «.

Marcellus, à la vue de ce fpectacle terrible, fit éloigner fes navires à environ deux cents pieds des remparts, mais il ne put les dérober à la main invifible qui les pourfuivait fans ceffe. Le Soleil, en ce moment, était au milieu de fa carrière. Archimède, comme nous l'avons déja dit, reçut fes feux fur un miroir hexagone, de métal, entouré d'une multitude d'autres qui coïncidaient au même point, & par ce moyen embrafa, au milieu des eaux, les galères qui fe trouvaient à leur foyer. Les Romains, meilleurs foldats que phyficiens, prirent alors le Géomètre de Syracuse pour un demi-dieu qui dispofait de la foudre.

Il ne reftait plus, à Marcellus, d'autres reffources que celle de fes fambuques : on appellait ainfi une machine de guerre qui reffemblait, pour la ftructure, à l'inftrument de mufique de ce nom. Elle était portée fur deux galères réunies enfemble, & qui n'avaient de rames que du côté où elles pouvaient manœuvrer. Cette fambuque était une échelle de la largeur de quatre pieds, autour de laquelle régnait une baluftrade continue, & qui, élevée à fa hauteur, atteignait aux créneaux des remparts qu'on voulait efcalader ; on ménageait, à fon extrémité, une plate-forme, bordée, de trois côtés, de claies, d'où quatre foldats, armés de toutes pièces, repouffaient l'ennemi qui, du haut des murs, empêchait qu'on n'appliquât la machine. Tant que la double galère voguait dans la haute mer, la fambuque était renverfée ; mais du moment qu'elle approchait des remparts, on mettait en jeu les cordes des mâts, & tandis qu'une partie des matelots l'élevait, du haut de la poupe, par le moyen des poulies, les autres, du côté de la proue, concouraient au même ouvrage, à l'aide des leviers ; c'eſt à Polybe que nous devons la deſcription de cette machine ingénieuſe, avec laquelle Marcellus voulut contrebalancer l'effet de celles d'Archimède.

Le génie du Héros de Rome échoua, comme on s'en doute bien, contre celui du Géomètre de Syracuſe. La ſambuque était encore loin des murailles, quand Archimède fit partir, contr'elle, à divers intervalles, trois rochers, chacun du poids de douze cents livres, qui briſèrent les appuis des deux galères, & les déſunirent.

Le lendemain, les Romains tinrent un conſeil de guerre. Il y fut décidé que la flotte reſterait en haute mer, & qu'on ſe contenterait de faire approcher l'infanterie des murailles ; on eſpérait par là rendre inutiles les machines qui, par la nature de leur conſtruction, ne pouvaient avoir de jeu qu'à une grande diſtance. Mais Archimède avait prévu à tout. Dès que les aſſiégeans furent au pied du rempart, on dirigea, contr'eux, par les ouvertures qui régnaient du foſſé au parapet, cette eſpèce d'arbalètes, connue des Anciens ſous le nom de ſcorpion; en même-tems des catapultes, de la plus faible portée, faiſaient pleuvoir, ſur leurs têtes, des poutres, des chaînes d'airain, armés de crochets, & des fragmens de rochers; les légions ſe retirèrent; alors les formidables machines de la ville vinrent troubler leur retraite. Cette journée ne fut pas moins déſaſtreuſe que la précédente pour les Romains : ceux-ci étaient d'autant plus furieux, que preſque toutes les batteries d'Archimède ſe trouvant cachées derrière le rempart qui les protégeait, ils périſſaient de toutes parts, ſans pouvoir ſe venger. En butte au génie inviſible qui les pourſuivait, ils ſemblaient moins faire le siége d'une ville, que se battre contre les Dieux.

Toutes ces scènes terribles & variées de carnage, n'ôtèrent cependant rien du sang - froid de Marcellus. Ce Héros, apprivoisé à l'image du sang, plaisantait sur le Géomètre de Syracuse, qu'il appellait un Briarée à cent mains (*a*), & il cherchait, dans son génie, les moyens de jouer, de son côté, le rôle de Jupiter; mais ses soldats découragés, le forcèrent à changer le plan de ses opérations : ils ne voyaient pas tendre, sur les remparts, une seule corde, ni élever la moindre pièce de bois, qu'ils ne prissent la fuite, dans la crainte de l'effet

_____

(*a*) Les plaisanteries de Marcellus n'étaient pas du bon goût du siècle d'Auguste. » Ne ces- » serons-nous pas, lui fait dire Plutarque, de » combattre ce Briarée de Géomètre, qui, en » se jouant, plonge nos galères dans la mer, » comme des vases à puiser de l'eau, & qui » donne mille soufflets à mes sambuques, &c «.

terrible d'une nouvelle machine d'Archimède. Le Consul, entraîné à un parti, qu'il croyait peu digne de son courage, se tint alors renfermé dans ses lignes, & changea en blocus le siége de Syracuse.

Cependant, comme le génie actif de Marcellus ne s'accommodait pas des opérations lentes d'un blocus, il en abandonna le soin à son collègue, & emmenant avec lui le tiers des légions, il alla prendre, d'assaut, la ville de Mégare, & tailla en pièces huit mille soldats d'Hippocrate, destinés à se joindre à l'armée d'Himilcon : cette victoire n'empêcha pas une flotte de Carthage de ravitailler Syracuse.

Marcellus, à l'entrée de la troisième campagne, ne se trouva pas plus avancé que le premier jour, où la valeur de ses légions défia le génie d'Archimède : avant de lever le siége, il tenta de se rendre maître de la place par quelqu'intelligence secrette. Un esclave, gagné à force d'argent, ménagea, en effet, une intrigue où entrèrent jufqu'à quatre - vingt des principaux citoyens de Syracufe, qui fe rendaient dans le camp des Romains, cachés dans des chaloupes, fous des filets de pêcheurs. Le complot était fur le point d'éclater, quand un nommé Attale, bleffé de ce qu'on avait refufé de l'admettre, dévoila le fecret à Epycide, qui envoya tous les conjurés au fupplice.

Les Romains n'étaient pas plus heureux dans le refte de la Sicile; la plûpart des villes, où ils avaient garnifon, fecouaient le joug, & rentraient fous l'obéiffance de Carthage.

Enna, feule, fut confervée par une perfidie heureufe, devenue prefque un acte de vertu fous le pinceau adroit de Tite-Live.

Les principaux d'Enna, décidés à fe choifir des maîtres à leur gré, avaient demandé, à Pinarius, les clefs de leur citadelle. L'Officier demanda une affemblée générale, pour traiter avec elle au nom de Marcellus, & pendant qu'elle

fe tenait, la garnifon Romaine, armée
de poignards, au fignal de fon Commandant, fondit fur la multitude défarmée,
& choifit fes victimes. Quand ces abo-
minables aflaffins furent las d'égorger,
dans la place publique, un peuple fans
défenfe, ils allèrent poignarder les citoyens fufpects dans leurs maifons. *Mar-*
cellus, dit l'Hiftorien que j'analyfe, *ne*
fut pas mauvais gré, à Pinarius, d'un
pareil maffacre; mais il rendit le nom
Romain plus odieux que jamais en Sicile.

PRISE DE SYRACUSE (*a*).

Enfin, la bonne fortune de Rome prévalut fur le génie d'Archimède. Un Spartiate, envoyé de Syracufe à Philippe, Roi de Macédoine, ayant été pris, au fortir des remparts, Epycide témoigna la plus grande envie de le racheter. Marcellus, qui avait fes vues, ne s'en éloigna pas, & l'on tint des conférences à cet effet au port de Trogyle ; comme l'affaire de la rançon ne put pas être terminée dans un feul rendez-vous, un des Commiffaires Romains, en confidérant le mur avec attention, & en comptant les pierres dont fa furface était compofée, reconnut que fa hauteur ne répondait pas à celle dont la

______

(*a*) *Tit. Liv.* lib. 25 ; *Plutarch.* in Marcel.

terreur du foldat s'était faite une image,
& il en fit fon rapport à Marcellus.

Malheureufement pour Syracufe, on
célébrait, à cette époque, dans la ville,
la fête de Diane, & le peuple, qui ne
fait manifefter fa piété envers les Dieux,
qu'en perdant fa raifon, s'était livré,
au fortir des temples, à tous les excès
de l'intempérance ; le Général Romain,
inftruit de ce relâchement de la difcipline, par un transfuge, fit partir, à
l'entrée de la nuit, vers le pofte défi-
gné, mille foldats d'élite, qui efcala-
dèrent le rempart, fans répandre de fang,
& s'emparèrent du quartier d'Hexapyle.

Le pofte d'Epipole fuccédait, mais
comme il était protégé par un grand
nombre de foldats en faction, Marcellus jugea qu'il ne devait plus fonger
à tromper l'ennemi, mais à l'effrayer.
Toutes les trompettes, par fon ordre,
fonnèrent à-la-fois. Alors la garnifon,
croyant les Romains maîtres de la ville
entière, ne fongea qu'à fe dérober, par

la fuite, à l'épée des vainqueurs. La plûpart se précipitèrent du haut des remparts, entraînés par leur terreur, qui leur
voilait le péril réel, en leur grossissant
un péril imaginaire; la multitude, pressée
entre les Romains, qui s'avançaient en
bon ordre, & la foule des soldats sur-
pris, qui cherchaient un asyle, reflua
vers le quartier de l'Achradine.

Cependant, le jour commençait à
luire sur Syracuse; Marcellus, à la vue
de cette ville, une des plus florissantes
du globe, qui avait brisé tant de fois
l'orgueil de Carthage & d'Athènes, &
qui était sur le point d'être réduite en
cendres, ne put s'empêcher de verser des
larmes sur sa destinée : il envoya alors
des Syracusains dans l'Achradine, pour
l'engager de prévenir sa ruine par une
capitulation; trait d'humanité qu'on ne
devait pas attendre du guerrier dont la
politique farouche avait applaudi au
massacre d'Enna; mais Syracuse, comme
entraînée par le génie du mal, marchait

obftinément à fa perte ; les portes de la place avaient été confiées aux transfuges, qui, n'ayant point de pardon à efpérer, ne permirent jamais à aucun négociateur d'approcher des murailles.

Pendant que Marcellus fe difpofait à mettre la dernière main à fa conquête, les principaux habitans des quartiers dont il était le maître, vinrent le trouver, l'olivier à la main, & en habits de deuil, pour le conjurer de défendre, à fes foldats, le carnage & l'incendie. Le Héros fut ému de leurs larmes, & éta lit une forte d'ordre dans le pillage de cette ville immenfe. Les Romains, au premier fignal qu'on leur donna, fe répandirent dans les rues, enfoncèrent les portes des maifons, & fe permirent toutes fortes de brigandages, à l'exception de l'effufion du fang humain ; ils enlevèrent, à des citoyens éperdus, toutes les richeffes qu'une profpérité de plufieurs fiècles leur avait permis d'amonceler. Et telle était l'effroyable idée qu'on avoit, dans ces tems-là, du droit de conquête, que les Syracusains, privés de tout, sur le point de périr d'indigence & de faim, remercièrent encore leurs tyrans de ce qu'ils respiraient encore.

Pendant le tumulte inséparable d'un tel pillage, la mer fut assaillie d'une tempête, à la faveur de laquelle Bomilcar, l'Amiral de Carthage, sortit du port de Syracuse, à l'insu des Romains, qui le bloquaient, & vint chercher un renfort de cent vaisseaux, qu'il amena au secours des restes infortunés de la patrie d'Archimède.

Tout-à-coup la face des affaires parut changer. Les Romains d'assiégeans, devinrent assiégés : tandis qu'Hippocrate attaquait leur ancien camp, Epycide sortit de l'Achradine, pour fondre sur les légions aux ordres de Marcellus, & la flotte Carthaginoise se tint près du rivage, pour empêcher la jonction des deux armées ; mais toutes ces savantes manœuvres n'opérèrent point l'effet que la politique pouvait en attendre. Le camp ne put être forcé, Marcellus repoussa Epycide dans l'Achradine, & les Carthaginois, qui montaient la flotte, ne prirent pas plus de part à l'action, que s'ils avaient assisté à un spectacle.

Cependant, tandis que le fléau de la guerre exerçait le plus ses fureurs, un autre, non moins redoutable, vint s'y joindre ; c'était la peste. Le tableau qu'en fait Tite-Live, mérite d'être tracé ici, ne fût-ce que pour l'opposer à celui de Lucrèce sur la fameuse épidémie du Péloponèse.

« La contagion, produite par les exha-
» laisons putrides qu'avait développées
» les chaleurs excessives de l'automne,
» attaqua à-la-fois les vaincus & les vain-
» queurs ; le fléau s'annonça avec la plus
» grande violence ; dès que les premiers
» symptomes de la maladie se déclaraient,
» on marchait d'un pas rapide vers la
» mort : d'abord on prenait soin des ma-
» lades ; mais ce devoir de l'humanité

» ne fervait qu'à étendre le foyer de la
» contagion, parce que l'homme pieux
» était atteint du mal qu'il voulait gué-
» rir, & périffait à fon tour. Au com-
» mencement du défaftre, les yeux fe
» fixaient, avec terreur, fur le tableau
» varié, mais toujours renaiffant de la
» mort & des funérailles ; les oreilles
» retentiffaient, jour & nuit, des cris
» des mourans, ou des gémiffemens des
» infortunés qui fe plaignaient de leur
» furvivre. Dans la fuite, l'habitude de
» ces horribles fpectacles rendit tellement
» les cœurs infenfibles, que non-feule-
» ment on ne pleurait plus les morts,
» mais que même on dédaignait d'ap-
» paifer leurs manes, par quelques hon-
» neurs funèbres. La terre, fanglante &
» noircie, était jonchée de cadavres, qui
» en attendaient d'autres pour augmenter
» le foyer de la corruption. Les miafmes
» putrides qui s'en exhalaient, apportaient
» la mort à ceux qui n'étaient que ma-
» lades, & le germe de la maladie à ceux

» qui n'en avaient pas encore subi les
» atteintes. On vit des guerriers, qui,
» préférant une fin glorieuse à cette mort
» lente & cruelle, allèrent défier l'ennemi
» dans ses rangs, pour s'y faire égorger.

» Les Romains, qu'un siége de trois
» ans avait accoutumés aux intempéries
» de l'air de la Sicile, résistèrent un peu
» plus aux influences de la peste, que les
» autres victimes. Les indigènes, qui
» eurent la liberté de quitter Syracuse,
» allèrent respirer un air plus pur à une
» autre extrémité de l'isle; pour les Car-
» thaginois, qui n'avaient pas les mêmes
» ressources, presque tous succombèrent;
» la mort, après avoir dévoré lentement
» les soldats, enleva les deux Généraux,
» Hippocrate & Imilcon «.

Dans les mœurs actuelles, une peste,
dont deux armées ennemies craindraient
également les ravages, aménerait néces-
sairement une trève entr'elles; les hommes
ayant la Nature à dompter, ne cherche-
raient pas à s'entre-détruire, & c'est un

des grands fervices qu'une Philofophie
éclairée a rendus à l'Europe : mais au
fiècle des Marcellus & des Annibal , les
défaftres, caufés par la pefte , ne firent
que redoubler la férocité de la guerre.
Les Romains ne fongèrent point à lever
le fiége ; encore moins Syracufe à capituler. Il femblait que les haines nationales euffent juré de ne s'éteindre , que
lorfque la Sicile ferait devenue le tombeau de tous les êtres infortunés & cruels
qui s'agitaient fur fa furface.

Bomilcar , fur ces entrefaites , fit voile
de Carthage , avec cent trente vaiffeaux de
guerre , & fept cents barques chargées de
vivres. Epycide vint le trouver , & le
décida à tenter le fort d'une bataille ;
mais au moment où la flotte Romaine ,
qui croifait aux environs du promontoire
Pachyn , faifait fes difpofitions pour combattre , tout-à-coup l'Amiral de Carthage ,
faifi d'une terreur panique , fit le tour de
la Sicile , & vint mouiller près de Tarente. Epycide , au défefpoir de tant de

lâcheté, commença à désespérer du salut de Syracuse, & ne voulant pas s'ensévelir sous les ruines de cette ville infortunée, il alla se renfermer dans les remparts d'Agrigente.

Quand les défenseurs de l'Achradine eurent appris la fuite de l'Amiral de Carthage, & la désertion de leur Préteur, ils députèrent, à Marcellus, pour traiter avec lui. Les préliminaires de la paix furent funestes aux trois Lieutenans d'Epycide, que le peuple, en fureur, égorgea dans leurs maisons : on nomma ensuite des Préteurs agréables aux Romains, & la Sicile fut sur le point d'être pacifiée, sans le moyen terrible de la conquête.

Malheureusement, on avait oublié de faire entrer les transfuges dans le traité : ceux-ci se soulèvent, persuadent aux soldats mercenaires, que leur cause est commune, & tous de concert vont tuer les Préteurs, & passer au fil de l'épée les citoyens qu'ils supposent d'intelligence avec Rome. Les cohortes de Marcellus fe préfentèrent, le jour même, devant l'Achradine, & les Commandans des transfuges leur en firent fermer les portes.

Parmi ces Commandans de nouvelle création, il y avait un Efpagnol, nommé Eric, qui, prévoyant les triomphes de Marcellus, fongea à fe dérober au fupplice qui le menaçait, par une heureufe perfidie. Les Romains, de concert avec lui, firent une fauffe attaque aux remparts de l'Achradine, & pendant que toute l'attention fe portait du côté qui était menacé de l'efcalade, il introduifit l'ennemi par une porte dont la garde lui était confiée. En peu de tems, les légions s'emparèrent de tous les poftes qui commandaient l'Achradine, & Marcellus, fûr de ne plus trouver qu'une vaine réfiftance, fit fonner la retraite, pour empêcher qu'on ne pillât le tréfor des Rois de Syracufe.

Le Héros de Rome, profitant du

droit terrible de l'épée , abandonna au pillage le magnifique quartier de l'Achradine, fans exiger du foldat qu'il refpectât la vie des hommes fans défenfe qui tombaient en fon pouvoir. Auffi le fang des vaincus coula à torrens; il faut que cette journée défaftreufe ait imprimé une grande tache fur la gloire de Rome , puifque fes Hiftoriens , d'ailleurs fi exacts , ont rougi de calculer le nombre des victimes.

MORT D'ARCHIMÈDE (a).

Parmi les crimes des vainqueurs, qu'éclaira ce jour terrible, celui qui a laiſſé la trace la plus profonde dans la mémoire des hommes, eſt le meurtre d'Archimède. Il y a pluſieurs traditions anciennes ſur les détails de cet évènement mémorable; ſuivant quelques Écrivains, ce grand homme portait, à Marcellus, dans un coffre précieux, des cadrans ſolaires, des ſphères & des inſtrumens d'Aſtronomie : des ſoldats crurent que le coffre ne renfermait que de l'or, & pour s'en rendre maîtres, ils égorgèrent Archimède.

Le récit le plus univerſellement adop-

<hr>

(a) *Plutarch.* in Marcel. ; *Tit.-Liv.* lib. 25 ; *Cicer.* Tuſcul. lib. 5.

té, eft celui-ci : au moment du fac de l'Achradine, Archimède était occupé à réfoudre un problême ; tout entier à l'objet mathématique qui abforbait fon intelligence, il n'entendit point le fracas des trompettes, les cris des citoyens qu'on égorgeait, ni le bruit des maifons embrafées qui s'écroulaient autour de lui ; tout-à-coup un foldat fe préfente, & lui ordonne de le fuivre à la tente de Marcellus. Archimède, tiré de fa rêverie profonde, prie le Romain de lui permettre d'achever fon problême, & celui-ci, irrité de ce délai, qu'il regardait comme une réfiftance coupable, tire fon épée, & tue le Géomètre.

Quelques Hiftoriens ont cru que le foldat, qui n'était point députe par Marcellus, alla d'abord à Archimède, l'épée à la main, pour lui ôter la vie ; que ce grand homme, fans fe troubler, pria feulement fon affaffin d'attendre, pour le frapper, qu'il eût trouvé la démonftration du problême mathématique qui l'occupait , & que le soldat féroce , qui ne se souciait ni d'un problème ni de sa démonstration , se hâta de le tuer, ayant d'autres crimes à commettre.

Quoiqu'il en soit , Marcellus , au récit de la mort d'Archimède, s'abandonna à une douleur qui n'était point étudiée ; à la vue du meurtrier de ce grand homme, il détourna ses regards *comme d'un impie* , dit le bon Plutarque, & ne pouvant rendre la vie à la victime des fureurs de la guerre, il s'appliqua du moins, autant qu'il était en lui, à honorer sa mémoire. Ses parens obtinrent , pendant leur vie , un grand nombre de priviléges , & on lui érigea à lui - même un monument au milieu de cette patrie , dont son génie avait si long-tems retardé l'esclavage.

Archimède , par son testament , avait ordonné de graver sur sa tombe un cylindre circonscrit à une sphère , & d'en marquer le rapport sur la base , pour lui servir d'épitaphe. Ses intentions furent suivies. Mais l'esclavage de Syracuse , sous des maîtres terribles, qui ne connaissaient encore d'autre art que celui de la guerre, amena une telle ignorance dans cette ville dégradée, que moins de cent quarante ans après la conquête de Marcellus, ses habitans soutenaient n'avoir jamais possédé le tombeau d'Archimède. Cicéron, qui à cette époque était Questeur en Sicile, s'obstina à en faire la recherche, & il le trouva presqu'entièrement couvert de ronces, non loin de la porte qui conduisait à Agrigente. Ce zèle pour les arts, doit lui faire pardonner d'avoir osé appeller *homme de néant*, un aussi beau génie qu'Archimède.

DES MONUMENS

DE

LA SICILE,

ET DE L'APOLLON DU

BELVÉDÉRE (a).

LE tombeau d'Archimède nous conduit à parler de quelques autres monumens, soit de Syracuse, soit des autres métropoles de la Sicile, qui ont échappé à la torche des conquérans & à la dégradation lente, soit du tems, soit de l'ignorance, & nous suivrons pour guide un Voyageur Philo-

---

(a) *Voyage en Sicile* de Brydone, tome 1, lettre XII ; tome 2, lettres XVIII & XXXI.

sophe, qui a été étudier en Sicile les antiquités, la nature & les hommes.

Nous ne pouvons parler du fameux temple de Cérès à Enna, ni de tous les monumens érigés dans la haute antiquité pour confacrer l'enlèvement de Proferpine, parce qu'il n'en refte d'autres veftiges que des textes affez obfcurs d'Hiftoriens qui fe contredifent Le culte antique de Cérès, la divinité tutélaire de la Sicile, ne femble plus fubfifter que par des médailles, où elle eft repréfentée avec un épi de bled fur le revers, fymbole de fes bienfaits envers l'agriculture.

Le temple de Vénus, fur le mont Eryx, eut quelque tems autant de célébrité que celui de Cérès dans la vallée d'Enna. Le Dédale de Crète l'enrichit de plufieurs morceaux de fculpture d'un travail achevé, & en particulier d'un bélier de marbre qui femblait refpirer. Le bélier fut tranfporté à Rome par les déprédateurs de la Sicile ; pour le temple, il tombait déja en ruine avant le règne de Tibère ; aujourd'hui, le culte de Vénus, sur le mont Eryx, a été remplacé par celui de Saint-Julien.

Palerme, l'ancienne Panorme, conserve, sur une de ses portes, une inscription Chaldéenne, de la plus haute antiquité, qui prouve que le théïsme fut la première religion de la Sicile, ainsi que celle de tous les peuples qui se civilisent.

« Il n'existe qu'un seul Dieu ; de lui » seul émane toute puissance. Ce Dieu » que nous adorons, est le seul conqué- » rant du globe ».

La tour de Baych, où est la porte & l'inscription, à en croire un Evêque de Lucéra, qui connaissait mieux la Bible que l'Histoire, fut bâtie dans l'âge des Patriarches.

Une des villes de la Sicile, la plus renommée pour ses antiquités est Agrigente, on ne peut se lasser d'admirer sur le mur d'un de ses anciens temples, converti en Egiise, la fameuse chasse du fanglier, fculptée en relief fur du marbre blanc. Ce monument confifte dans quatre tableaux , dont nous devons la defcription à la plume ingénieufe de Brydone.

Le premier renferme les préparatifs de la chaffe ; on y voit deux chaffeurs armés d'une lance & d'un coutelas. Les chevaux femblent refpirer le feu , de leurs narines entr'ouvertes, ce qui prouve peut-être mieux l'excellence de leur race , que tous les témoignages des Hiftoriens, car l'Artifte qui les a deffinés , était certainement accoutumé à voir de beaux chevaux.

Le fecond tableau repréfente la chaffe même ; le troifième , la mort du Prince qui tombe de cheval , & le dernier le défefpoir de la Reine , quand on lui annonce cette nouvelle tragique. Il y a autant d'ame fur le vifage de cette femme prête à s'évanouir , que dans les figures du fameux groupe de Laocoon.

Les ruines des temples d'Agrigente, qu'on rencontre près du rempart méridional de la nouvelle ville , n'excitent pas moins l'attention du Voyageur Philofophe. Le temple de Vénus fubfifte à moitié ; celui de la Concorde peut être confidéré comme entier, puifque toutes fes colonnes font fur leur bafe, & ont confervé leur entablement. Ces deux temples, bâtis dans les mêmes proportions, font foutenus par trente-huit groffes colonnes d'ordre Dorique & cannelées, dont treize à chacune des faces latérales, & fix à chaque extrémité. Cette Architecture, toute fimple qu'elle eft, a un enfemble qui en impofe.

Le temple d'Hercule, non loin des deux derniers, tombe en ruine ; on y voit encore des tronçons de colonnes, qui ont près de fept pieds de diamètre. Xeuxis avait peint pour la décoration intérieure de cet édifice, fon fameux tableau d'Alcide enfant, qui étouffe deux couleuvres ; le fanctuaire était auffi orné de la ftatue du même héros, un des chef-d'œuvres du fiècle d'Alexandre, que le brigand Verrès tenta vainement d'enlever aux habitans d'Agrigente. Cicéron doit à cette statue les plus beaux traits d'éloquence répandus dans ses harangues, contre le déprédateur de la Sicile.

Le temple de Jupiter Olympien, à en croire la tradition d'Agrigente, passait, quand il était debout, pour le plus vaste du monde connu; c'est une vraie carrière; la difficulté de croire comment de si énormes blocs de rochers ont pu être placés dans cet édifice par la main des hommes, a fait imaginer que c'était l'ouvrage des Briarée & des Encelade; le nom même que ces ruines portent encore (la Basilique des Géans) sert à confirmer la multitude dans ce préjugé. Ce temple subsista dans son entier jusqu'en 1100; aujourd'hui, il est tellement en ruines, qu'il échappe aux crayons des Architectes.

Le tombeau de Théron, ancien Roi d'Agrigente, s'est dérobé à la destruction du tems, & aux fureurs de Carthage. Ce

APOLLON DU BELVEDERE.

monument, fait de forme pyramidale, & d'une architecture à la fois simple & noble, a plus de deux mille ans d'antiquité, car Théron avait Pindare pour contemporain.

Le monument le plus étonnant, pour l'homme de goût, qu'Agrigente ait jamais possédé dans ses remparts, est, si l'on en croit la tradition Sicilienne, la fameuse statue d'Apollon, si connue sous le nom de l'Apollon du Belvédère. Les Carthaginois l'enlevèrent du temple d'Esculape, & la portèrent en Afrique. Scipion, dans le sac de Carthage, la reprit & la rendit à ses anciens maîtres. Dans la suite, Rome commençant à apprécier les chef-d'œuvres de l'esprit humain, jugea l'Apollon d'Agrigente digne de décorer la capitale du monde, & elle le plaça dans le Capitole.

On ignore quel est l'homme de génie qui a fait cette magnifique statue d'Apollon, dont toutes les gravures, froide traduction, ne rendront jamais la tête célefte & l'intelligence fublime qui femble l'animer. L'Artifte a choifi l'inftant où le Dieu vient de percer de fa flèche le ferpent Python. Le dard parti, il le fuit des yeux ; déja il femble preffentir la reconnaiffance du genre humain, & on dirait que fa tête s'élève, pour recevoir, avec plus de dignité, fon encens & fes hommages.

L'Apollon a de tout tems enlevé les fuffrages des hommes de goût ; on ne connaiffait rien au-deffus de cette production de l'art Grec, dans le fiècle d'Augufte. Celui des Médicis ne vit point l'enthoufiafme dégénérer ; Raphaël & Michel - Ange propofaient cette ftatue comme le prototype éternel du beau. De nos jours même, où un goût petit & maniéré, femble avoir éteint dans tous les arts la flamme du génie, il faut voir avec quel feu les amateurs de l'antique parlent de ce chef-d'œuvre du Belvédère. Winckelmann, dont la tête octogénaire avait blanchi fur tous les monumens de la Grèce & de Rome, ne trouve pas d'expreſſion pour rendre la haute idée qu'il a conçue de l'Apollon. Tout récemment, Sherlock, dans des lettres étincelantes d'eſprit, que tout le monde a critiquées, mais que tout le monde a lues, oppoſe ainſi le ſeul Apollon aux plus belles ſtatues des ſiècles de Médicis & de Louis XIV (a).

» C'eſt dans le Belvédère, qu'on voit la » ſupériorité des Grecs ſur toutes les na- » tions de la terre. La diſtance qui eſt » entre l'Apollon, le Laocoon, & tous » les chef-d'œuvres de la France & de » l'Italie, eſt ſi grande, qu'il eſt preſque » ridicule de les nommer enſemble.

» Que le Voyageur ſe rappelle, en » regardant l'Apollon, que ce qu'il voit » a été un bloc de marbre rude & in- » forme. Le premier pas pour l'Artiſte, » était de créer le caractère de ce Dieu.

____

(a) *Lettres d'un Voyageur Anglais*, pag. 74.

» Avant donc que le marbre ait été tou-
» ché, le Sculpteur avait fait un effort de
» génie, & cet effort de génie eſt ſi
» grand, que tous les hommes qui lui
» ont ſuccédé juſqu'à ce moment, n'ont
» jamais pu en faire un ſemblable. Ceci
» n'eſt pas un éloge, c'eſt un fait que je
» cite. Si le fait n'eſt pas vrai, qu'on me
» nomme une ſtatue d'une invention
» égale. Serait-ce la Suzanne de Fiam-
» mingo, la Juſtice de Porta, la Sainte
» Bibienne du Bernin, ou le Moyſe de
» Michel Ange ? Je ne crois pas qu'aucun
» homme ſenſé les compare jamais. Le
» Moyſe n'eſt inférieur à aucune ſtatue
» moderne ; mais c'eſt du Torſe Grec
» que Michel - Ange a tiré l'idée origi-
» nale de ſa ſtatue. Pour l'invention de
» l'Apollon, elle étonne tous les hom-
» mes , & les étonne à proportion du
» tems , & de l attention avec leſquels ils
» l'examinent.

» L'Apollon du Bernin eſt , malgré
»tous ſes defauts, une belle ſtatue ; elle

» ne paraît médiocre que parce qu'on la
» compare (souvent sans s'en apperce-
» voir) avec l'Apollon du Belvédère.
» L'Apollon de Bouchardon n'est pas
» une production médiocre non plus ;
» mais comparés seulement la statue ori-
» ginale Françaife avec la copie de la
» statue Grecque dans le jardin de Ver-
» failles, la différence n'eft pas croyable,
» c'eft celle qu'il y a entre un homme &
» un Dieu. L'on ne fait pas ce que c'était
» qu'un Dieu Payen, mais on fent tou-
» jours, en regardant cette ftatue, qu'elle
» eft l'image de quelque chofe de plus
» qu'un homme.

» Lorfqu'au génie & au goût, on joint
» une exécution parfaite , je crois que
» l'homme ne peut pas aller plus loin :
» or, le fini de l'Apollon du Belvédère
» eft immenfe, même dans les détails
» les plus minutieux. Cependant l'Artifte
» aurait prefque pu fe difpenfer de la
» peine d'avoir auffi parfaitement achevé
» fon ouvrage. Sa conception a été fi

» fublime, & fa diftribution fi heureufe,
» qu'elles feules auraient commandé
» l'admiration de tous les hommes «.

Je quitte avec regret les ruines véné-
rables d'Agrigente, & les ftatues admi-
rables que Rome lui a enlevées; les débris d'édifices que nous allons trouver
dans l'ancienne capitale de la Sicile, prefque tous monumens de la plus abfurde &
de la plus atroce des tyrannies, font plus
faits pour attrifter notre ame, par l'ufage
odieux auquel on les deftinait, qu'à
exciter notre admiration, par la hardieffe
de l'ouvrage.

Syracufe, la plus opulente (au tems de
la feconde guerre Punique) de toutes les
villes de la Grèce, qui défia long-tems
avec fuccès Rome & Carthage, qui re-
pouffa des flottes de deux mille voiles,
& des armées de deux cents mille hommes,
& qui renfermait dans l'enceinte de fes
remparts ce qu'on n'avait jamais vu dans
aucune ville du globe, des flottes & des
armées, Syracufe, en un mot, n'eft plus

aujourd'hui qu'un espèce de désert peuplé de décombres. L'Ecrivain ingénieux que j'analyse, ne trouva pas un seul être vivant, en voguant autour de la plus grande partie de ses remparts, qui étaient jadis la terreur des armées Romaines, d'où Archimède foudroyait leurs flottes, & enlevait, avec ses machines, leurs vaisseaux, pour les briser contre les rochers.

Des quatre villes qui composaient la Syracuse de Marcellus, il ne subsiste plus que celle d'Ortygie ; les ruines des autres qui occupaient vingt-deux milles de circonférence, sont des champs couverts de vignobles, où des tronçons de colonnes soutiennent les terres, où les ceps se lient au marbre des tombeaux. Le peuple du pays (& à cet égard presque tout le monde y est peuple) entièrement occupé des éruptions de l'Etna & du voile de Sainte-Agathe, sourit de dédain, quand on lui parle de Timoléon, de Marcellus & d'Archimède.

Les temples de l'ancienne Syracuse,

font tous tellement anéantis, que les Savans du pays difputent fur leur emplacement. Ils ne s'accordent que fur quelques colonnes de celui de Jupiter Olympien, & fur la bafilique de Minerve. Ce dernier édifice fubfifte prefque tout entier, à l'exception de la façade, bâtie récemment dans un goût moderne & mefquin ; il fert de Cathédrale à la nouvelle Syracufe.

L'amphithéâtre, qui a la forme d'un ellipfe très excentrique, tombe de tout côté en ruines ; pour le théâtre, il s'eft affez bien confervé, car on en diftingue jufqu'aux gradins ; cependant ce monument, par fa petiteffe, ne donnerait pas une haute idée de la magnificence de Syracufe, il eft probablement poftérieur aux Hyéron & aux Archimède.

Les ruines les plus célèbres de Syracufe, font l'édifice terrible, connu fous le nom de *l'oreille de Denys*, & la prifon publique des carrières.

Les carrières, fituées à près de cent

pieds au-deſſous du niveau de la terre, forment une eſpèce de labyrinthe d'une étendue incroyable; tout eſt taillé dans un rocher auſſi dur que le marbre, & formé d'un mêlange de foſſiles, de corps marins & de coquillages; il eſt probable que les contemporains de Gélon creuſèrent ce rocher pour la conſtruction de leurs édifices, & que, dans la ſuite, on fit ſervir l'excavation de priſon publique, pour les criminels d'Etat, ou pour les victimes de la férocité des deſpotes. Aujourd'hui les carrières, couvertes d'une terre végétale, qu'aucun vent ne peut enlever, ſont devenues le plus beau jardin de Syracuſe.

L'oreille de Denys mérite une deſcription encore plus détaillée dans une Hiſtoire des Hommes; on donne ce nom à un monument qui atteſte encore moins la magnificence du tyran qui l'a élevé, que ſa barbarie. C'eſt une caverne immenſe, creuſée dans le roc, & qui a exactement la forme de l'oreille humaine.

Sa hauteur perpendiculaire eſt de 80 pieds, & ſa longueur de 250. L'Architecte, très-inſtruit dans l'Anatomie, conſtruiſit cette caverne avec tant d'art, que tous les ſons qui s'y produiſaient, étaient réunis dans un ſeul foyer, qu'on appellait le tympan. Denys l'ancien, dont tout le génie était dans ſon machiavéliſme, fit pratiquer, à l'extrémité de ce tympan, une ouverture qui communiquait à un cabinet de ſon palais, où il avait coutume de ſe cacher, & d'où il entendait diſtinctement tout ce qui ſe diſait dans la caverne. Suivant la tradition Sicilienne, à l'inſtant que cet ouvrage fut achevé, le tyran, pour aſſurer ſon ſecret, fit mettre à mort les ouvriers & l'Architecte. Dans la ſuite, on renferma, par ſon ordre, dans la caverne, tous les citoyens qui lui étaient ſuſpects par leur patriotiſme; &, s'il leur échappait quelque mot républicain, ils n'en ſortaient que pour aller au ſupplice.

CONQUÊTE DE LA SICILE,

PAR

LES ROMAINS (*a*).

Marcellus, maître de Syracuſe, parcourut la Sicile en conquérant, ſaccageant les villes qui obéiſſaient encore à Carthage, & faiſant naître des prétextes pour réduire celles qui étaient indépendantes, ſous le joug de ſa République. Parmi ces déprédations, que le patriotiſme Romain honorait du nom d'exploits, il faut parler de la manière étrange dont la ville d'Engyum paſſa au pouvoir du vainqueur d'Annibal & d'Archimède.

____

(*a*) *Plutarch.* in Marcel.; *Tit.-Liv.* lib. 25 & 26.

Engyum était une ville du second ordre, mais très-ancienne, & qui devait sa fondation à une colonie de la Crète. Le peuple, gouverné par les Prêtres, y était très-superstitieux ; il croyait, en particulier, aux apparitions de Cybèle, & il y croyait de cette foi robuste, qui punit de mort les Philosophes.

Le parti dominant dans Engyum, était celui d'Annibal. Pour les amis des Romains, ils osaient à peine se montrer. Nicias, le chef de ces derniers, pour avoir parlé avec trop de franchise, sur la mauvaise politique de ses concitoyens, irrita contre lui les Magistrats, qui résolurent de l'enlever, & de le livrer au Sénat de Carthage. Celui-ci, qu'on instruisit du complot, & qui ne pouvait se dérober au danger par la fuite, parce qu'il était gardé à vue, imagina un étrange stratagême, pour se rendre en sûreté au camp des Romains.

Il commença par semer, dans le public, des propos téméraires contre le

culte de Cybèle, traitant de rêverie sa-
cerdotale, les apparitions de la Déesse;
le peuple s'indigna, & les amis d'Annibal
se proposèrent bien de lui faire expier ses
sacriléges sur l'autel embrasé de Saturne.

Le jour destiné pour l'enlèvement de
Nicias, arriva enfin; c'était celui d'une
assemblée nationale; le prétendu ennemi
de Cybèle prend séance, comme un des
premiers citoyens, & harangue la multitude sur la guerre présente. Tout-à-coup,
au milieu de son discours, il se jette par
terre, affectant le silence de l'extase; ensuite il lève une tête tremblante & défigu-
rée, articulant avec peine quelques mots
que l'effroi semble lui arracher. Dès qu'il
voit le peuple dupe de la comédie religieuse qu'il commence à jouer, il se re-
lève avec des convulsions, jette son manteau, déchire sa tunique, & prenant sa
course à demi-nud, il gagne une des
issues de la place, criant qu'il est pour-
suivi par Cybèle, qui le punit de son
impiété. Le peuple se range, & aucun

des fatellites de la faction d'Annibal n'ofe toucher un criminel que la vengeance célefte femble pourfuivre. La femme de Nicias, de fon côté, aidait au fuccès du ftratagême, en courant au temple de Cybèle, pour défarmer fon courroux. L'ami des Romains, pendant ce tumulte, gagne une des portes de la ville, & vient trouver Marcellus dans Syracufe.

Marcellus, enchanté de trouver un prétexte pour affervir Engyum, fe préfente devant la place avec fon armée, s'en empare & fait charger de chaînes tous les habitans. Heureufement Nicias, qui n'avait pas la fuperftition de fon fiècle, avait encore moins fa férocité; il demanda grace pour fes concitoyens, en commençant par fes ennemis. Marcellus, pénétré d'admiration pour tant d'y générofité, rendit la liberté aux habitans d'Engyum, & défendit à fes foldats de commettre le moindre brigandage; mais Engyum, de ce moment, n'en devint pas moins une ville Romaine.

Les autres campagnes de Marcellus,
ne furent qu'une suite de triomphes. Il
défit, non loin d'Agrigente, Epicyde &
Hannon, qui commandaient les débris
des armées de Carthage, & força un
grand nombre de villes, qui tenaient
pour ses ennemis, à recevoir les loix de
sa République.

Sur ces entrefaites, le vainqueur de
Syracuse fut nommé Consul, & chargé du
gouvernement de la Sicile. Le massacre
d'Enna, le sac de Syracuse, & d'autres
traits de ce genre, l'avaient rendu odieux.
Aussi les Siciliens, qui se trouvaient à
Rome, au tems de l'élection, coururent
aussi-tôt au Sénat, vêtus de longs habits
de deuil, & protestant, au nom de leurs
concitoyens, qu'ils aimeraient mieux voir
leurs villes embrasées par les flammes de
l'Etna, que gouvernées par le farouche
vainqueur d'Archimède.

Il entrait assurément beaucoup d'intri-
gues Romaines dans les plaintes des Siciliens ; car Marcellus avait une foule

d'ennemis dans fa patrie, que lui avaient donnés fon génie & fes victoires. Mais ce héros, pour le bien de la paix, demanda lui-même à changer de département avec fon collègue; ainfi il demeura en Italie, & Valérius Lévinus alla achever la conquête de la Sicile.

Il ne reftait, à cette époque, aux Carthaginois, que la ville d'Agrigente; Lévinus s'en empara par la perfidie de Mutine, un des trois Commandans de la place; l'armée Africaine fut toute entière paffée au fil de l'épée; il ne fe fauva que les deux Généraux, Épicyde & Hannon, qui, trouvant un vaiffeau prêt à mettre à la voile, allèrent cacher leur ignominie dans les murs de Carthage.

Le vainqueur entra en brigand dans Agrigente, vaincue & défarmée. Tous les chefs de cette ville immenfe, furent, par fon ordre, battus de verges & décapités; les édifices, tant publics que particuliers, abandonnés au pillage, & les habitans vendus en qualité d'efclaves.

Par le traité qui termina la première guerre Punique, la moitié de la Sicile était devenue province Romaine ; la prise de Syracuse, par Marcellus, & le sac d'Agrigente, ordonné par Lévinus, entraînèrent l'autre sous la même dépendance. Les vainqueurs accordèrent, aux métropoles de cette isle célèbre, le privilége de vivre suivant leurs anciennes loix, mais ils leur ôtèrent tous les droits de la souveraineté. C'était dorer leurs chaînes, pour empêcher de voir qu'ils en avaient augmenté le poids.

La Sicile fut très-utile aux Romains, dans leurs guerres contre Carthage, parce qu'elle leur servit de degré pour passer en Afrique. Ses campagnes fertiles fournissaient, en outre, des vivres à leurs armées, & ses ports d'asyle à leurs flottes. Aussi, après le renversement de Carthage, Scipion, par reconnaissance, enrichit Syracuse, Leontium, Agrigente d'une foule de tableaux & de statues, enlevés à la rivale de Rome ; présent qui , dans l'état de dégénération où elles fe trouvaient , les flatta autant que le recouvrement de leur indépendance.

Lorfque Syracufe tomba au pouvoir de Marcellus, elle avait été indépendante foit comme Monarchie , foit comme République , l'efpace de 279 ans ; car Gélon exerça l'autorité fuprême , fous le nom de Préteur , l'an 1091 de l'Ere de Paros , & le fac de Syracufe tombe l'an 1370 , qui répond à la première année de la cent quarante - deuxième Olympiade.

DE

L'ISLE DE RHODES.

HISTOIRE DE SA MONARCHIE

PRIMITIVE.

L'ISLE de Rhodes, située à la pointe méridionale de l'Asie mineure, fut, dans les tems primitifs, la demeure des serpens, ce qui lui fit donner, par les Grecs, le nom d'Ophiuse; *Rod*, en Phénicien, a aussi la même signification; ainsi, il est difficile d'admettre l'étymologie vulgaire qui fait dériver Rhodes du *Rodon* grec (Rose), à cause des fleurs que l'isle produisait, presque sans culture, & encore moins celle de Diodore, qui donne pour tige aux Rhodiens, une Princesse Rhode, fille phantaſtique de Vénus & du Soleil (*a*).

Les Phéniciens, à une époque antique inaceſſible, à notre chronologie, vinrent diſputer la poſſeſſion de l'Iſle de Rhodes aux ſerpens, coupèrent ſes bois, défrichèrent ſes landes, & la voyant, après une légère culture, le théâtre de la plus heureuſe végétation, la dédièrent à l'aſtre qui vivifie la nature.

Rhodes n'a que des contes mythologiques, & point d'hiſtoire, avant la fondation de trois de ſes plus anciennnes villes ; Linde, Camire & Jalyſe, qui fûrent bâties par Tlepolème, fils d'Hercule, quelque tems avant la guerre de Troye (*b*).

(*a*) Lib. 5.

(*b*) *Diod. Sicul.* lib. 4. Cicéron & Strabon ſe jouaient, ſans doute, avec le pinceau d'Héſiode, quand ils attribuaient la fondation de ces trois villes à trois petits-fils du Soleil. Voy. *Strab.* Geogr. lib. 14, & *Cicer.* de Natur.

Les habitans de ces trois villes, quittèrent, dit-on, volontairement leur patrie, & vinrent s'établir dans Rhodes ; mais cet évènement, très-postérieur, n'est que de la première année de la quatre-vingt-treizième Olympiade.

Les Doriens, un grand nombre de siècles auparavant, avaient chassé de leur pays, ou exterminé le peuple indigène de l'isle de Rhodes, & s'étaient établis sur ses ruines. Cette émigration est du tems de la conquête des Héraclides.

Tous les peuples qui commencent, ont des Rois pour maîtres ; car, un Gouvernement ne devient républicain, que quand la politique se perfectionne. Les Rhodiens eurent donc des Monarques, dès l'époque de l'introduction de leurs pre-

---

Dcor. lib. 3 ; Athénée *Deipnosoph.* lib. 3 , croit que ces villes Rhodiennes sont de l'époque de la conquête des Doriens, & Hérodote *Euterpe* fait honneur de leur fondation aux filles de Danaïs.

mières Colonies : mais leur nom même n'a pû échapper à l'oubli ; & ce n'eſt peut-être pas une perte pour l'hiſtoire.

Les Souverains mêmes, qui gouvernèrent l'iſle dans un âge intermédiaire, n'auraient guère de droit aux regards de la poſtérité, ſi leurs noms ſtériles ne ſervaient pas à fixer quelques époques dans les landes de la chronologie.

Tlepolème, le fondateur de Linde, de Camire & de Jalyſe, ſuivant Homère, fut tué par Sarpedon, au ſiége de Troye. Dictys & Diodore prétendent qu'il rentra dans ſes Etats, chargé des dépouilles de la famille de Priam. Il y a un grand vuide dans les annales Rhodiennes, après le règne de cet Héraclide

Doriée eſt probablement le conquérant Dorien, qui vint exterminer le peuple indigène de Rhodes, un peu moins d'un ſiècle après la priſe de Troye.

Damagète I. fils de Doriée, était embarraſſé ſur le choix d'une épouſe; les oracles, qui, dans ce tems-là, commandaient aux Rois, comme à la multitude, enjoignirent à ce Prince d'époufer la fille du plus homme de bien d'entre les Grecs. Damagète obéit, & demanda la main de la fille du fameux Meffénien Ariftomène *a*).

Diagoras I. naquit du mariage ordonné par les oracles. Ce Prince fut célèbre par fon amour pour la juftice & par fes lumières. Il eft probable qu'on lui doit le germe de ces fameufes inftitutions fur la navigation & fur le commerce, que l'antiquité connaiffait fous le nom de *loix Rhodiennes*, & qui, incorporées dans la fuite, par Rome conquérante, avec les fiennes, furent fuivies avec fuccès dans le vafte Empire de Céfar.

Evagoras. On lui pardonne de n'avoir rien fait de digne d'être tranfmis à la poftérité, parce qu'il fut le père du fage Cléobule.

(a) *Paufan.* lib. 4.

CLÉOBULE (*a*), un des fept Sages de la Grèce, alla chez les Prêtres de Memphis, puifer les premiers élémens des Sciences : à fon retour dans l'Ifle de Rhodes, il s'occupa fur-tout du grand art de régner. Mais le compilateur Diogène, au lieu de nous apprendre ce que fit ce grand Homme pour rendre fes peuples heureux, s'amufe à nous tranfcrire fes énigmes (*b*).

Cléobule rétablit le temple de Minerve, bâti originairement par Danaüs, & mourut fur le trône, à l'âge de foi-

----

(*a*) *Diog. Laërt.* in Cleob.

(*b*) Voici celle fur l'année. » Un père a douze » enfans, qui ont chacun trente filles, mais » d'un genre différent de beauté : les unes font » brunes, les autres blondes, & quoique les » Dieux les aient rendues immortelles, il n'y » en a aucune qui foit exempte de la mort «. — Nous ne rapportons ici cette énigme infipide, que parce qu'elle fert à prouver que du tems de Cléobule, l'Aftronomie, à fon berceau, ne faifait encore l'année que de 360 jours.

xante & dix ans. Il étoit contemporain de Solon, puisqu'il écrivit à ce fameux Légiflateur d'Athènes, pour lui offrir dans Linde un afyle contre la tyrannie de Pififtrate.

ERASTIDE fuccéda à une fille de Cléobule, que l'hiftoire ne nomme pas, & fut remplacé par d'autres Princes anonymes, qui ne jouèrent aucun rôle dans l'Hiftoire de la Grèce *a*).

DIAGORAS II. fut un des Héros de Pindare, parce qu'on le proclama vainqueur dans prefque tous les jeux de la Grèce. Quand l'âge interdit à ce Prince l'entrée de la carrière, il y fit entrer fes trois fils, & crut jouir encore de leur gloire, en la partageant. Il y eut un concours, où, tous trois furent vainqueurs : alors, ils allèrent ceindre la tête de leur pere de leurs couronnes, & le portèrent en triomphe, au milieu de la

____

(*a*) *Pindar. Scholiaft.* pag. 59.

multitude. Diagoras, trop faible pour
répondre à tant de tendreſſe, expira de
plaiſir dans leurs bras (*a*). Cette mort
eſt auſſi belle que la vie de Cléobule.

La chronologie met un intervalle de
deux ſiècles & demi entre les deux Diagoras, ce qui prouve ou pluſieurs révolutions que ſubit le trône, ou de longues anarchies.

On conjecture qu'à la mort du ſecond
Diagoras, ſa couronne paſſa à une nouvelle dynaſtie, dont la tige fut un Aſclé-
piade (*b*).

Cette dynaſtie ne fit ſans doute que
paſſer : car, au tems de l'invaſion de
Xerxès, l'iſle de Rhodes était déja une
République.

____

(*a*) *Pauſan.* lib. 6.
(*b*) *Ariſtid.* Orat. in Aſclep. & ad Rhod. de
concord.

HISTOIRE

DE

RHODES, RÉPUBLIQUE (a).

Les Rhodiens, soumis à des Rois, n'avaient point eu d'existence dans la Grèce : les Rhodiens libres, devinrent peu à peu une puissance dominante : ils équipèrent des flottes, qui leur assurèrent l'empire de la Méditerranée. L'Espagne reçut d'eux des Colonies, & ils furent long-tems maîtres des Isles Baléares.

On n'a que des conjectures sur la forme du Gouvernement républicain

_____

(a) *Diod. Sicul.* lib. 16, 18, 19 & 20; *Strab.* lib. 14; *Demosth.* de libert. Rhodior.; *Aula-Gell.* Noct. Attic. lib. 10, cap. 18.

dans l'ifle de Rhodes. On fçait feule-
lement que la Démocratie y était tempé-
rée par un Sénat, qui avait le pouvoir
légiflatif. Le chef de cette compagnie
s'appellait Prytane ; & pour l'empêcher
de devenir defpote, on le changeait
tous les fix mois.

Rhodes, République, fut long-tems
alliée d'Athènes : mais la troifième année
de la cent-cinquième Olympiade, cette
nation ayant regardé une pareille alliance, comme une efpèce de joug qu'elle
s'était impofée, y renonça. La fierté
Athénienne en fut révoltée, & on envoya fucceffivement Chabrias, Iphi-
crate & Timothée, à la tête de flottes
puiffantes, pour la foumettre. La Perfe
intervint alors dans cette querelle, &
Rhodes, grace à la médiation du Roi
des Rois, fut reconnue indépendante,
par tous les Etats du Péloponèfe.

Maufole, Souverain de Carie avait
aidé Rhodes à fecouer le joug d'Athènes ;
cette Ifle, dupe de fa reconnoiffance,

donna à son protecteur un pouvoir si étendu, qu'il ne lui manqua que le titre de Roi, pour être le vrai successeur des Tlépolème & des Diagoras.

Rhodes ne parut se souvenir qu'elle avait des chaînes, qu'au moment où la mort de Mausole lui permit de les briser : alors, pour se venger, elle arma une flotte puissante, destinée à envahir la Carie. Artemise régnait, à cette époque, dans cette partie de l'Asie mineure ; l'Héroïne employa pour défendre son pays le machiavélisme de Lysandre, plutôt que la bravoure de Miltiade.

Au moment où la flotte conquérante parut devant Halicarnasse, les Cariens répandus sur les remparts, firent retentir les airs de leurs acclamations. Les Rhodiens débarquent, trouvent les portes de la ville ouvertes, & y entrent, flattés de donner des loix à la Capitale de la Carie, sans que leur triomphe leur coûte du sang. Mais cette réception brillante n'était qu'une de ces perfidies que le droit de la guerre décore du nom de ſtratagêmes. Au moment où les Rhodiens s'y attendaient le moins, la garniſon d'Halicarnaſſe les enveloppa , & les paſſa tous au fil de l'épée.

Pendant ce carnage , Artémiſe s'était ſaiſie de la flotte ſans défenſe , deſtinée à ſubjuguer la Carie , & ayant mis à la voile , elle avait pris la route de Rhodes.

Les Rhodiens, à la vue de leurs vaiſſeaux, dont les mâts étaient terminés par des couronnes de lauriers , ne doutèrent plus du ſuccès de leur expédition, & ouvrirent les portes de leur ville à leurs prétendus concitoyens. Artémiſe ſe joua en tyran de leur crédulité : maitreſſe de Rhodes , elle envoya au ſupplice le Prytane & les principaux Magiſtrats ; & non contente de cette exécution ſanglante , elle fit ériger dans la place publique, un trophée de ſa victoire, qui imprimait à jamais ſur la nation vaincue, le ſceau de l'ignominie ;

c'était un grouppe de bronze, qui repréfentait la Reine de Carie, imprimant un fer chaud fur le front de Rhodes perfonnifiée. Ce monument fubfifta, lors même que Rhodes eut recouvré fon indépendance, parce qu'ayant été confacré aux Dieux, la religion du tems défendait de le démolir. Mais la fierté nationale, pour n'avoir point à rougir aux yeux des étrangers, fit entourer d'édifices élevés, le trophée d'Artémife (a).

Rhodes opprimée par la Reine de Carie, implora en fecret la protection d'Athènes. Démofthêne gagné, monta, à cet effet, à la Tribune aux harangues; mais on ignore, fi fon difcours opéra tout l'effet qu'on devait attendre de l'éloquence de l'Orateur. Tout ce qu'on fçait, c'eft que l'ifle ne tarda pas à fecouer le joug Carien, foit qu'Athènes lui eût envoyé des libérateurs, foit qu'elle eût

____

(a) *Vitruv.* lib. 2.

profité de la mort d'Artémife , pour recouvrer elle-même fon indépendance.

Depuis cette époque, les annales Rhodiennes gardent le filence le plus abfolu,
jufqu'au règne d'Alexandre. La République , qui, alors avait befoin d'être
protégée , fe foumit volontairement au
Conquérant de l'Inde, & au deftructeur
du trône de Cyrus.

Cette foumiffion volontaire , de la
part d'un Etat, qui avait dans fon fein
une marine & des hommes, flatta l'orgueil d'Alexandre : aufli , ce Prince
témoigna - t - il en plufieurs rencontres ,
que Rhodes était, à fon gré, la première
ville de la Grèce , & il ordonna en mou-
rant, que fon teftament fût dépofé dans
fes archives.

Cependant les adulations des Rhodiens, étaient l'ouvrage de leur politique,
& non celui de leur reconnaiffance. A
peine le Héros fut-il mort, qu'ils prirent
les armes, chafsèrent la garnifon Macé-
donienne, qui furveillait leur fidélité,

& se formèrent de nouveau en République.

A peine Rhodes reprenait-elle son rang dans la confédération des villes Grecques, qu'elle fut sur le point d'être anéantie, par une inondation assez semblable aux anciens déluges d'Ogygès & de Deucalion. Le plus grand nombre de ses édifices fut renversé; & déja les Habitans éperdus, cherchaient un asyle sur leurs vaisseaux, quand il s'ouvrit un abyme où les eaux se précipitèrent; alors, le danger disparut.

Ce désastre fut bientôt réparé. Les Rhodiens eurent la sage politique de conserver une exacte neutralité au milieu des dissentions funestes qui déchiraient la Grèce, & bientôt ils se virent forts, & de leur propre vigueur, & de la faiblesse de leurs voisins.

C'est alors que Rhodes, devenue une puissance dominante par sa marine, purgea la Méditerranée des Pirates, qui l'infestaient de leurs brigandages; elle devint ainſi la bienfaitrice, non de la Grèce, mais de l'Europe.

SIÉGE MÉMORABLE

D E

RHODES, PAR DÉMÉTRIUS.

DES FAMEUSES MACHINES DE GUERRE, CONNUES SOUS LE NOM D'HÉLÉPOLE ET DE PÉRIDROME (a).

RHODES ne fçut pas fe maintenir au milieu des fucceffeurs d'Alexandre, comme elle avait fait au milieu des Ré-publiques de la Grèce ; elle rompit fon

----

(*a*) *Diod. Sicul.* lib. 20 ; *Plutarch.* in Demetrio.

fameux fyftême d'équilibre , & cet inftant de fommeil qu'éprouva fa politique , fut fur le point de la renverfer.

Antigone était en guerre avec les Ptolémées pour l'ifle de Chypre. Les Rhodiens prirent parti , en faveur des derniers , parce que les branches les plus lucratives de leur commerce , étaient en Egypte. Alors , Antigone impatient de fe venger , envoya fon Amiral avec une flotte formidable, pour bloquer le port de Rhodes & anéantir, s'il était poffible, fa marine.

Les Infulaires fe défendirent avec toute la vigueur républicaine, ils fe préfentèrent avec leurs galères réunies, devant l'ennemi; & quoiqu'il fût fupérieur par le nombre de fes vaiffeaux , ils le fatiguèrent tellement par leurs manœuvres favantes , qu'ils l'obligèrent à lever le blocus.

Cet échec , au lieu de ramener Antigone à des principes pacifiques , ne fervit qu'à l'aigrir. Il jura de faire paffer les flots de la mer fur les ruines de Rhodes ; & comme fon âge de quatre-vingts ans , ne lui permettait pas de voir par fes yeux les effets terribles de fa vengeance , il chargea fon fils Démétrius, du foin de vaincre un peuple qui lui était odieux , & de l'exterminer.

Démétrius était le guerrier de fon fiècle, le plus fait pour remplir le vœu deftructeur d'Antigone. Perfonne n'entendait comme lui la tactique des fiéges, & il était connu en Europe fous le nom de Poliocertes ou de preneur de villes; il fe préfenta devant Rhodes avec une flotte de trois cents foixante & dix voiles, dont deux cens étaient des vaiffeaux de guerre, & portaient quarante mille hommes. Perfonne ne s'oppofa à fa defcente. Alors, il dreffa fon camp hors de la portée du trait, & il fit creufer par fes foldats, un port nouveau pour contenir toute fa flotte.

Rhodes , quand fes alliés l'abandonnaient , ne s'abandonna pas elle-même;

il n'y avait alors dans ses remparts que six mille citoyens , en état de porter les armes , & environ mille soldats de troupes auxiliaires. Elle se rappella les tems héroïques des batailles de Platée & des Thermopyles ; & ce souvenir fit de ses citoyens , autant de Leonidas & de Miltiade.

L'héroïsme Républicain s'annonça par un decret , portant que tout soldat qui mourrait au service de la patrie , serait inhumé aux frais du public , & que l'Etat se chargerait de doter ses filles , de nourrir sa veuve , & d'élever ses enfans. Les Rhodiens , flattés d'occuper ainsi les regards du Gouvernement , surpassèrent son attente. Le riche & l'indigent concoururent au même but , l'un déployant son or pour acheter du fer , l'autre , prêtant son industrie pour convertir le fer en armures.

La cause la plus juste , contre l'ordinaire des guerres , fut la plus heureuse. Les Rhodiens commencèrent par nettoyer, avec leurs vaiſſeaux, les côtes de leurs iſles, des Pirates, qui, ſous le pavillon de Démétrius, venaient les dévaſter, & ayant fait un grand nombre de priſonniers, ils tirèrent beauoup d'argent de leur rançon : car dès le commencement du ſiége, on était convenu de part & d'autre, de payer mille dragmes (un peu plus de 120 livres) pour un homme libre, & la moitié, pour un eſclave.

Démétrius, ſans être géomètre, avait un genie ſingulier pour l'invention des machines : il était preſque pour l'attaque des places, ce qu'Archimède avait été pour leur défenſe ; c'eſt ſur-tout au ſiége de Rhodes que ce Prince déploya à cet égard ſon intelligence meurtrière ; il commença par faire conſtruire deux fortereſſes deſtinées à protéger ſes ſoldats, contre les pierres & les traits qu'on leur lançait; enſuite il commanda à ſes Architectes, des tours de bois, à quatre étages, dont la hauteur ſurpaſſait celle des fortifications du port. Chacune de ces tours fut posée sur deux vaisseaux enchaînés ensemble, afin qu'en voguant, elles conservassent le même niveau. Outre cela, il y avait dans le camp des assiégeans, ainsi que sur leur flotte, un appareil terrible de pierriers, de béliers & de catapultes.

Une tempête qui survint tout-à-coup, empêcha le premier jour la manœuvre des machines: mais, la nuit ayant amené le calme sur les flots, Démétrius en profita pour s'approcher sans être vû. A la pointe du jour, les Rhodiens observèrent avec effroi que l'ennemi s'était emparé d'une éminence, dans le grand port, qui n'était séparée que de cinq arpens de leurs murailles. Mais leur courage se mit au niveau du danger ; ils détachèrent, contre la flotte, des chaloupes chargées de matières combustibles, qui embrasèrent une partie des machines : malheureusement la flamme avait été lancée sans précaution : elle prit aux brû-

lots mêmes, & l'équipage qui les mon-
tait, fut contraint de se jetter dans la
mer, & de revenir dans l'ifle, à la
nage.

Les exploits mêmes des affiégeans,
leur devenaient inutiles : quelques Officiers ayant efcaladé le rempart, & s'é-
tant jettés dans la place, y trouvèrent la
mort avec la gloire. Démétrius, contre
l'ordinaire des Conquérans, parut plus
fenfible à la perte de ces hommes généreux, qu'à la deftruction de fes machines.

Quand les tours furent reparées, on
les fit voguer vers le baffin du grand
port. Mais, des Rhodiens déterminés,
s'approchèrent malgré la grêle de traits
qu'on lançait fur leurs galères, & à force
de rafer de près les proues des navires,
qui foutenaient les tours, ils emportè-
rent les bandes de fer, dont elles étaient
liées. L'eau s'introduifit dans les ouvertures, & les machines furent bientôt
hors de fervice.

Démétrius qui voyait fa gloire com-

promife dans le peu de fuccès de ce
fiége , redoubla d'activité & de génie ,
pour triompher des Rhodiens. Il imagina une nouvelle tour , trois fois plus
haute & plus large que celles qu'on avait
endommagées ; mais , au moment où
on la faifait voguer vers le baffin du
port , un nuage noir qui enveloppait l'ho-
rifon , s'ouvrit tout-à-coup , & un coup
de vent la fubmergea. Les Rhodiens ,
de leur côté , profitèrent habilement de
ce défaftre ; car , tandis que Démétrius ,
enchaîné fur fon vaiffeau amiral , par
la tempête , n'ofait envoyer des fecours
aux fiens , ils fe précipitèrent fur toutes
les avenues du port , taillèrent en pièces
les cohortes chargées de protéger les
tours flottantes , & firent prifonniers ,
quatre cens hommes.

La machine la plus célèbre dans l'antiquité , dont Démétrius fit ufage dans
le fiége de Rhodes , eft fon *Hélépole*.
Voici la defcription qu'en donne Diodore. On appellait Hélépole , une tour

HÉLÉPOLE DE DÉMÉTRIUS.

quadrangulaire, dont chaque face avait cinquante coudées. La charpente était liée par des mains de fer & des poutres énormes posées, soit transversalement, soit en hauteur, & on avait ménagé vers le milieu de la base, un espace vuide pour ceux qui devaient mettre en mouvement la machine ; car elle était mobile en tout sens, sur huit roues qui la soutenaient. Les jantes de ces roues, épaisses de deux coudées, avaient des bandes de fer, proportionnées à leur volume, & leur axe tournait sur un pivot, de sorte qu'on pouvait donner à la machine, toutes les directions jugées nécessaires par l'Architecte.

Sur chacun des quatre angles, s'élevait une colonne de bois d'environ cent coudées de hauteur : elles étaient toutes inclinées graduellement les unes vers les autres, de sorte que l'édifice entier, formé de neuf étages, se terminait presque en pointe. On peut juger de cette inclinaison, par le nombre des lits placés dans chaque étage. Celui qui touchait à la bafe, en contenait quarante trois, & le plus proche du comble, n'en renfermait que neuf.

Le Prince avait fait revêtir trois des côtés de l'Hélépole de lames d'airain, pour ne laiffer aucune prife aux matières inflammables qu'on pouvait lancer contr'elles, du haut du rempart. Deux rampes magnifiques conduifaient à chaque étage ; l'une était deftinée pour monter, & l'autre pour defcendre ; précaution néceffaire, pour prévenir, en cas de défaftre, le tumulte & le défordre des rencontres (*a*).

(*a*) Plutarque a donné, de fon côté, la defcription de l'Hélépole, qui ne fe rapporte pas toujours avec celle de Diodore. » La bafe » de cette machine, dit le Philofophe de Chéronée, était quarrée, chacune de fes faces » avait quarante-huit coudées de large, & » foixante-fix de haut, & elles allaient toujours en diminuant, de forte que le comble » de l'édifice était beaucoup plus étroit que la » bafe. L'intérieur avait été divifé en plufieurs

On se doute bien, que malgré l'af-
semblage des roues & le jeu de leur

—

» étages, dont les fenêtres servaient à lancer
» toutes sortes de traits. La machine entière
» était portée sur quatre roues de huit coudées
» de circonférence, & quand elle marchait, le
» mugissement, formé par l'ébranlement de la
» charpente, inspirait la terreur aux hommes
» les plus intrépides «.

Le Chevalier Folard, dans le Traité *de
l'Attaque des Places*, dont il a enrichi son
Commentaire sur Polybe, s'est beaucoup étendu
sur l'Hélépole de Démétrius; il y prouve, avec
sa sagacité ordinaire, que la description de
Plutarque n'a aucune autorité, quand on la
met en regard avec celle de Diodore, mais il
a tort, ce me semble, puisqu'il adoptait le
récit du dernier Historien, d'avoir fait graver
une Hélépole toute différente de la sienne. Je
conseus qu'il ait ajouté, à l'étage intermédiaire,
les deux ponts-levis, destinés à s'abattre sur le
parapet des murailles, ou sur la brèche; il est
assez probable que l'Architecte de Démétrius les
y avait placés, quoique l'Histoire n'en parle
pas; mais, pourquoi le savant Commentateur
double-t-il le nombre des roues, & multiplie-

axe , tournant fur des pivots , une fi énorme machine n'était pas aifée à mouvoir. Auffi Démétrius avait choifi pour la faire rouler, trois mille quatre cens hommes des plus robuftes de fon armée, dont les uns en dedans , donnaient la direction néceffaire aux roues, & les autres tiraient en dehors, probablement avec des leviers , ce qui demandait, entre les foldats, beaucoup de concert & d'harmonie.

La marche d'une machine telle que l'Hélépole , demandait un terrein uni & une pente infenfible. Démétrius employa tous les fubalternes de fa ma-

---

t-il celui des étages ? Pourquoi n'obferve-t-il pas la diminution graduée entre la bafe & le fommet ? pourquoi , fur-tout, retranche-t-il les quatre colonnes qui flanquaient l'édifice ? Voyez le *Polybe* du Bénédictin Dom Thuilier, tome 2, pag. 554. — Nous avons auffi fait graver l'Hélépole, mais ce n'eft pas la machine du Chevalier Folard ; c'eft celle de Diodore.

rine, à applanir un chemin de quatre stades de longueur, qui devait l'amener aux pieds des remparts. Quand cette énorme tour & toutes celles d'un autre genre, qui devaient la feconder, furent en place, on trouva que l'enceinte renfermait fix courtines, & fept baftions des murs de Rhodes. L'Hiftoire veut que le nombre des foldats employés à la conftruction & au fervice de toutes les machines du fiége, montât à trente mille hommes.

Vitruve nous a confervé le nom de l'Architecte de l'Hélépole. C'était l'Athénien Epimaque : mais, peu d'accord, foit avec Diodore, foit avec Plutarque, fur les dimenfions de cette fingulière machine, il veut qu'elle ait eu foixante pieds de large dans chacune de fes faces, & cent vingt-cinq, d'élévation.

La Phyfique moderne a de la peine à expliquer la théorie des forces mouvantes de cette Hélépole, dont on eftime le poids (en comptant les foldats qui la montaient) à environ dix mille milliers. En supposant autant de leviers, qu'il y avait de coudées aux faces de la machine, du côté de la base, il est évident que la tour ne pouvant être mue que par trois de ses faces, on ne pouvait employer que cent cinquante leviers, pour l'amener aux pieds des murs de Rhodes : force, qui, eu égard au frottement des roues, paraît insuffisante pour donner même un commencement de mouvement à l'Hélépole.

Le Chevalier Folard a cru qu'on pouvait substituer aux roues, des cylindres placés transversalement sur une plate-forme, mais des cylindres de métal, les seuls que le poids de l'Hélépole n'aurait pu écraser, ne pouvaient, à cause de leur volume énorme, être jettés en fonte, dans le peu de tems que l'Architecte de Démétrius mit à construire sa machine.

Les cylindres eux-mêmes ne rempliraient pas encore le but qu'on se pro-

pofe, à caufe de la difficulté de conferver leur parallélifme ; en effet, n'éprou-
vant pas par-tout une preffion égale dans
toute leur étendue, ils auraient changé
à chaque inftant de direction, pendant
la marche de l'Hélépole.

La force mouvante la plus fimple &
la plus ingénieufe, peut-être, qu'on eût
pu imaginer, pour tranfporter l'Hélépole
de Démétrius, ferait celle qu'on a employée de nos jours, à amener dans la
capitale de la Ruffie, le fameux rocher
de granit, qui fert de bafe à la ftatue
de Pierre le Grand. Ce rocher, qui,
réduit au modèle donné par le Sculpteur, avait encore 37 pieds de long, 21
de large & 22 de hauteur, pefait, à
l'époque du tranfport, trois millions de
livres. Il était éloigné, d'une lieue & demie,
de la Neva, où on devait l'embarquer ;
pour lui faire franchir cette diftance,
l'Ingénieur fe fervit de corps fphériques
fixés entre deux parallèles. Après diverfes
expériences, fur la nature des métaux,

dont ces corps sphériques devaient être composés, il trouva que le cuivre amalgamé avec un peu d'étain & de la calamine, pouvait seul, résister au poids énorme qu'il mettait en mouvement (*a*). D'après ces principes, il fit rouler son rocher sur ses globes de métal, & l'amena, du marais où il était enseveli, aux bords de la Neva, dans l'espace de six semaines.

L'Hélépole de Démétrius, qui ne marchait ni à l'aide des cylindres, ni avec le secours des globes fixés entre des parallèles, fut très-longtemps en route, avant d'arriver aux pieds des remparts de Rhodes. L'Histoire fait entendre que son mouvement était si lent, malgré les trois mille quatre cents hommes qui la traînaient, qu'elle fut un mois entier à faire un seul stade. D'après

____

(a) Voy. *Monument élevé à la gloire de Pierre-le-Grand*, par le Comte de Carbury, pag. 13 & 27.

Péridrome.

ce calcul, on voit que l'Hélépole aurait
été plus de cinq ans à faire le trajet du
rocher de Pétersbourg.

Démétrius joignit à l'Hélépole, d'autres tours moins formidables. Il y en
avait une deftinée à porter un bélier
énorme, pour battre les remparts ; c'eft
probablement le *Peridrome* d'Athénée,
fur lequel Vitruve a exercé fon génie
obfervateur (*a*). On donnait ce nom à
une tour de charpente, dont les poutres
faillantes foutenaient autant de parapets qu'il y avait d'étages. Les gens de
traits, placés fur ces parapets, écartaient
l'ennemi de deffus les remparts, tandis
que le bélier étendu tranfverfalement
vers la bafe, commençait la brèche. On
ne pouvait rien imaginer de plus heureux que ces efpèces de galeries tour-
nantes, parce que le foldat, à couvert,
tirait fans danger, derrière les crénaux,

(*a*) Lib. 10.

& que, des esclaves répandus dans les postes les plus exposés, s'occupaient à arracher les traits enflammés, & à éteindre les artifices. Peut-être employait-on les cylindres, pour faire mouvoir les Péridromes.

Dans l'intervalle de la construction de l'Hélépole & du transport de cette machine, aux pieds des remparts de Rhodes, le Sénat de la ville assiégée, avait ouvert l'avis de renverser toutes les statues d'Antigone & de Démétrius. Il trouvait absurde de conserver à des ennemis acharnés, les mêmes honneurs qu'aux Princes dont on avait fait l'apothéose. Le peuple, en cette occasion, se montra plus sage que ses chefs : il ne crut pas digne de son patriotisme, de punir du marbre ou de l'airain, du mal que lui faisaient les hommes, & il ordonna que ces monumens des arts, seraient respectés. Ce trait de grandeur d'ame fut sçu dans la suite de Démétrius, & peut-être contribua-t-il à la levée du siége.

La générosité des Rhodiens acquit encore à cette époque, un nouvel éclat, parce qu'on put la mettre en regard avec une perfidie des Généraux qui conduisaient le siége. Ceux-ci avaient tenté de corrompre la fidélité d'Athénagoras, Gouverneur de la place, & Démétrius, qui s'inquiètait peu de devoir la prise de Rhodes, à son or ou à ses machines, appuyait sourdement toute l'intrigue. Heureusement Athénagoras se connaissait en ruses de guerre. Il n'avait paru d'intelligence avec les émissaires de ses ennemis, que pour éventer le secret de leurs opérations militaires. Dès-qu'il eut toutes les lumières qu'il desirait, il alla lui-même rendre compte de tout le complot au Sénat ; un ami intime de Démétrius fut pris dans un souterrein, par où il espérait faire filer des troupes, dans la place ; & les Rhodiens décernèrent une couronne d'or, à leur Gouverneur.

Cependant le péril de Rhodes avait

enfin réveillé de leur léthargie, toutes les puiſſances alliées de cette République. Caſſandre, Lyſimaque & Ptolémée, lui envoyèrent, chacun de leur côté, des munitions de guerre & de bouche. La flotte du dernier qui portait trois cents mille meſures de bled, & qui entra dans le port malgré l'eſcadre ennemie, chargée d'en défendre les approches, réchauffa ſur-tout le courage de ces braves Inſulaires. Sûrs déſormais, de n'être point vaincus par la faim, ils appréhendèrent moins l'effet des Péridromes & des Hélépoles.

Démétrius, qui vit le peu de ſuccès du blocus, déterminé à donner un aſſaut général, expoſa aux yeux des aſſiégés, l'appareil formidable de ſes machines : outre celles que nous avons décrites, il y avait deux tortues ou galèries couvertes, chacune de cent vingt coudées de long, bien garnies dans leur contour d'éparres de fer, & préſentant un front ſemblable à la pointe d'un navire;

elles renfermaient d'énormes béliers, qui portaient leur coup à l'aide des forces réunies de mille hommes; ces tortues étaient deftinées à battre les remparts, de concert avec le Peridrome.

Le jour fixé pour l'affaut, la flotte de Démétrius s'approcha du port. Les troupes de terre fe répandirent le long des ouvrages qu'on pouvait battre, & au fignal donné, on mit en jeu toutes les machines.

Les béliers abatirent, en peu de tems, la plus forte des tours de la place, quoique compofée en fon entier de cubes de pierres de tailles, de quatre pieds en tout fens. La courtine fuivit la chûte de la tour; mais, Démétrius n'ofa pas conduire fes foldats à la brèche, avant qu'ils euffent nettoyé les remparts, de cet énorme amas de décombres.

Les Rhodiens attendirent la nuit pour fe venger; ils avaient fait un amas prodigieux, foit de matières inflammables, foit de traits propres à les lancer : quand ils crurent l'ennemi enfermé dans ses retranchemens, ils s'attachèrent à embraser ses machines. Une obscurité profonde couvrait alors l'horison, ce qui rendait plus terrible encore l'effet de cette quantité de torches ardentes qu'on voyait voler à la fois, du haut des remparts; les assiégeans sortirent de leurs lignes, & marchèrent sans ordre, n'ayant pour se conduire que les traits enflammés qu'on décochait, ou l'incendie de leurs propres machines. Les tortues, le péridrome furent bientôt mises hors de service. L'Hélépole elle-même, qui, dans sa marche avait vu se détacher plusieurs des cercles de fer, destinés à lier toutes ses parties, exposée alors dans ses ouvertures, à l'effet des torches ardentes, commençait à être la proie des flammes, lorsque Démétrius vint lui-même la dérober à l'incendie, & à force de bras & de leviers, la fit conduire à une certaine distance des murailles.

On peut juger de la vigoureuse réfiftance des Rhodiens, dans cette nuit terrible, par les huit cents traits à feu & les quinze mille javelots, que les affié-geans, à la pointe du jour, ramafsèrent fur le champ de bataille.

L'Hélépole fut réparée ; Démétrius donna ordre de la conduire de nouveau du côté de la brèche; mais un Ingénieur de la ville avait, dans l'intervalle, ou-vert une galerie fouterreine, jufqu'à la route que devait prendre la machine. Le ftratagême réuffit ; & quand l'énorme édifice arriva au terrein qu'on avait creu-fé, fon poids l'y enfèvelit, de façon qu'il ne fut plus poffible de l'en retirer (a).

Démétrius, à qui la gloire était auffi chère, que la liberté aux Rhodiens, ne fe rébuta pas ; réfolu de donner un affaut, par la brèche qu'avait faite fes machines, il fit partir en filence, à l'en-trée de la nuit, quinze cents hommes d'élite, fe mit lui-même à leur tête,

____

(a) *Veget.* de re Milit.

& traversa, sans danger, le reste des décombres. On égorgea les sentinelles; on passa au fil de l'épée les citoyens qui accoururent au tumulte, & peu à peu les quinze cents hommes pénétrèrent jusqu'au théâtre, dont ils occupèrent toute l'enceinte. Rhodes se crut un moment au pouvoir de son ennemi; mais le jour étant venu éclairer le petit nombre de soldats, qui avaient franchi la brèche, les habitans s'encouragèrent à vaincre ou à mourir libres. Alors, il se livra un combat sanglant dans les avenues du théâtre. Le corps d'élite de Démétrius, fut obligé de céder au nombre, & de rentrer en désordre dans ses retranchemens.

Tel fut le dernier évènement mémorable de ce siége. Il y avait un an qu'il durait, & Démétrius n'était guère plus avancé, que le jour où il se présenta pour la première fois, devant les murailles. Son père lui écrivit alors qu'il pouvait traiter avec les Rhodiens, pourvû que ce fût d'une manière qui ne compromît point fa gloire ; & comme ce Prince ne faifait qu'avec répugnance une guerre cruelle , à des Républicains dont il eftimait la bravoure , il fe prêta fans peine aux premiers projets de conciliation qu'on lui fit parvenir. Le traité fut figné après un petit nombre de conférences. Il portait que Rhodes ferait libre, qu'elle ferait une ligue offenfive & défenfive avec Antigone , contre toute autre Puiffance, que contre la Monarchie de Ptolémée. Cent otages , dont aucun n'était du nombre des Magiftrats , furent envoyés au camp , comme garans de la foi publique , & Démétrius à l'inftant leva le fiége.

Démétrius, quoiqu'entouré de fes machines meurtrières , de fes péridromes & de fes hélépoles , n'avait point laiffé de lui un fouvenir odieux aux Rhodiens. Il avait toujours moins fait la guerre aux individus, qu'à la nation. Le trait furtout de Protogène, lui avait concilié la bienveillance d'un peuple enthousiaste des Arts. Ce fameux Peintre, dans le tems du siége, travaillait dans un des fauxbourgs de la ville, au tableau d'Ialyse (*a*), le chef d'œuvre de son pinceau. Le fauxbourg fut pris, & le tableau enlevé. A l'instant, les Rhodiens députèrent au Prince, pour le prier de ne point mutiler ce monument de génie. Démétrius répondit qu'il brûlerait plutôt tous les portraits de son père, que de détruire le chef-d'œuvre de Protogène. Le tableau d'Ialyse, fut transporté à Rome, & ajouté à toutes les dépouilles de l'univers. Mais, il périt dans un incendie, au second siècle des Césars.

Les Rhodiens libres, & jouissant du prix de leur valeur, ne furent pas ingrats envers les guerriers, dont le zèle avait éclaté pendant le siége. Ils décer-

---

(*a*) Héros de l'âge des fables, qu'on croyait fils de la Nymphe Rhode & d'Apollon.

nèrent des honneurs publics à leurs Magiftrats ; ils affranchirent & accordèrent les priviléges de citoyens aux efclaves qui avaient expofé leur vie, pour les défendre. Les Rois alliés furent encore moins oubliés dans les témoignages de la reconnaiffance publique. Caffandre & Lyfimaque furent remerciés au nom de la nation, & on leur érigea des ftatues.

L'Egypte, était de toutes les puiffances confédérées, celle qui avait rendu à Rhodes les fervices les plus éclatans. Rhodes, toute libre qu'elle était, adopta pour les reconnaître, l'adulation des Efclaves ; elle députa en Lybie, pour demander à Jupiter Ammon, la permiffion de faire un Dieu de Ptolémée : l'oracle, qui s'inquiétait peu de voir un intrus dans l'Olympe, pourvu qu'on le laiffât lui-même régner en paix en Afrique, confentit à l'apothéofe : alors, on conftruifit dans la ville, un temple quarré, d'un ftade à chaque face, qu'on appella *le Ptolémée*, où le Dieu de nou-

velle création eut un culte & des Mi-
nistres , à l'égal de l'Ordonnateur des
mondes.

DE

LA VILLE DE RHODES,

ET DE SON COLOSSE

DU SOLEIL (a).

IL y a des Peuples, qui, aux yeux de la postérité, ne tiennent que par un fait à l'histoire générale du genre humain ; telle est la république de Rhodes. Elle n'a eu qu'un moment brillant dans tout le cours de ses annales ; c'est son siége, par Démétrius. Auparavant, elle n'existait guère, que par des Rois obscurs ;

(a) *Plin.* Histor. Natur. lib. 4, cap. 7, & lib. 34 cap 7 ; *Strab.* Geogr. lib. 14 ; *Aristid.* in Rhodiac. ; *Isidor.* Origin. lib. 14, cap. 6. *Sextus Empir.* Hyppotip.

après, elle n'eut que des démêlés, sans éclat, avec les Puissances qui voulaient la subjuguer. Dans ce vuide de grands évènemens, occupons-nous des monumens que les Arts élevèrent dans Rhodes, & sur-tout de son fameux Colosse du Soleil.

Rhodes, bâtie par Hippodame, Architecte célèbre, qui s'était déja fait une renommée par la construction du port d'Athènes, était disposée en forme d'amphithéâtre, à peu de distance de la Méditerranée. Ses temples, ses places, ses édifices publics annonçaient une ville destinée à avoir l'empire des Mers. Les anciens n'en parlent jamais qu'avec transport, même lorsque leur goût plus épuré, les rendait plus difficiles sur le rang qu'ils assignaient aux monumens de l'architecture, c'est-à-dire dans le beau siècle d'Alexandre.

Comme Rhodes, pour se concilier les Peuples dont sa politique avait besoin, avait adopté le grand principe des Phéniciens sur la tolérance universelle, presque tous les Dieux du monde connu, avaient des temples dans ses remparts. Les plus célèbres étaient ceux d'Isis & de Diane, le *Dionysium* ou basilique de Bacchus, & l'*Hélion*, ou temple du Soleil.

Les meilleurs Artistes de la Grèce, s'étaient plu à décorer ces grands monumens des chef-d'œuvres de leur génie. Parmi les tableaux de la première classe qui y étaient rassemblés, l'homme de goût distinguait le Ménandre d'Apelle, l'Ialyse de Protogène, & sur-tout le Meléagre de Xeuxis, qui, frappé trois fois de la foudre, ne perdit rien, au rapport de Pline le Naturaliste, de la magie de son coloris.

La Sculpture ne cédait en rien à la peinture, ni pour la quantité, ni pour le choix de ses ouvrages. On comptait encore dans Rhodes, sous le règne de Trajan, trois mille statues, la plupart d'un travail achevé. Dans ce nombre, il y en avait cent une, d'une grandeur au-dessus des proportions naturelles. La cent

unième était fans doute le fameux Coloffe du Soleil.

» Le Coloffe du Soleil, dit Pline le
» Naturalifte, était l'ouvrage de Charès,
» élève du grand Lyfippe. il avait de hau-
» teur, foixante & dix coudées. Le Sculp-
» teur fut douze ans à le terminer ; & il y
» employa trois cents talens (1,625,000
» liv. de notre monnaie); cette fomme im-
» menfe était le produit de la vente des ma-
» chines de guerre, que Démétrius avait
» abandonnées aux Rhodiens, lorfqu'il
» leva le fiège de leur ville. Ce Coloffe,
» après avoir été debout, cinquante-fix
» ans, fut renverfé par un tremblement
» de terre. Mais, tout abbattu qu'il eft,
» il excite encore une admiration mêlée
» d'effroi. Peu d'hommes peuvent em-
» braffer fon pouce ; fes doigts ont plus
» de volume que les Statues ordinaires.
» Les crevaffes de fes membres rompus,
» reffemblent aux ouvertures des plus
» vaftes cavernes. On apperçoit encore
» dans l'intérieur du corps des blocs

« énormes de rocher , dont le poids
» était deftiné à affermir ce monument
» fur fa bafe.

Une autre tradition adoptée par Sextus Empiricus, voulait que Charès n'eût
donné que le deffein du Coloffe. A en
croire ce fophifte , l'élève de Lyfippe ,
fe trompa fur le prix qu'il avait demandé
aux Rhodiens, & fe voyant dans l'indigence, avant d'avoir acheté tous les
matériaux , de défefpoir, il fe donna la
mort. Lachès, ajoute l'écrivain que j'a-
nalyfe, fut vraiment l'auteur de cet ouvrage étonnant ; on voyait encore au fiècle des Antonins, le nom de cet Architecte , fur la bafe. La même infcription
donnait quatre-vingt coudées de hauteur
au Coloffe du Soleil.

Le tremblement de terre qui renverfa
les plus beaux édifices de Rhodes, entraîna la chûte du Coloffe ; mais , quoique le Ptolémée , qui régnait alors en
Egypte, offrît pour le relever, une fomme
d'argent bien plus confidérable, que celle

qu'on avait employée à le faire, il ne se trouva aucun Architecte, qui osât l'entreprendre. Le Coloſſe reſta mutilé, juſques vers le milieu du ſeptième ſiècle, de l'ère vulgaire, qu'un Général des Califes, le fit mettre en pièces & vendit l'airain dont il était compoſé, à un Négociant de Syrie, qui en chargea, ſuivant Cédrène, neuf cents chameaux, & ſuivant Conſtantin Porphyrogénète, trente mille, (comme ſi l'Empire entier des Califes pouvait fournir trente mille chameaux !)

Au reſte, le Coloſſe de Rhodes, comme les Pyramides d'Egypte, comme le projet de ce mont Athos, qui devait être taillé en ſtatue d'Alexandre, annonce moins le goût que l'imagination déſordonnée des Architectes. Ce qui eſt coloſſal, eſt preſque toujours hors de la nature : défions - nous de l'enthouſiaſme du moment que fait naître un ouvrage dont toutes les proportions ſont giganteſques. Il n'eſt pas à comparer avec l'admiration réfléchie que produit un monument, où le génie ne s'eft élevé qu'au niveau de la nature, tel que l'Apollon de Belvédère, le Moyfe de Michel-Ange, ou le tombeau du Cardinal de Richelieu.

DE

LA RÉPUBLIQUE DE RHODES,

JUSQU'A CE QU'ELLE FASSE PARTIE

DU MONDE ROMAIN (a).

RHODES, comme nous l'avons déja fait preffentir, après fon fameux fiége, furvécut à fa gloire; ainfi, nous ne devons que quelques coups de pinceaux rapides, au tableau de fa décadence.

Les vainqueurs de Démétrius furent quelque tems Souverains de la mer, &

____

(a) *Polyb.* lib. 4, 5, 13, 16, & *Legat.* Paffim; *Tit.-Liv* li. 31, 32, 33. 37 & 45; *Diod. Sicul.* in Except Valef ; *Phot.* Bibliot. cod. 241 ; *Plutarch.* in Brut. ; *Appian* , in Mithrid.

ils profitèrent de leur prépondérance, pour ôter aux habitans de Byzance, leur commerce, sur le Pont-Euxin.

Leur ambition commençait à adopter les projets les plus romanesques, lorsque le tremblement de terre, dont nous venons de parler, renversa leurs monumens avec leurs espérances. En vain, Hyéron, Antiochus, Prusias, Mithridate, Ptolémée, & presque tous les Souverains qui tenaient à la Grèce, par des intérêts politiques, ou par des alliances, envoyèrent à Rhodes, des sommes immenses, pour la revivifier. Ses richesses ne lui donnèrent point des hommes. Et si elle resta encore libre quelques siècles, c'est qu'il ne se présenta plus devant ses remparts, un nouveau Démétrius.

L'alliance que les Rhodiens firent avec Attale, Roi de Pergame, leur valut une guerre avec Philippe, Roi de Macédoine, où ils auraient succombé, si Rome n'était venue à leur secours. Rome avait besoin de cette République, pour briser l'orgueil des fucceffeurs d'Alexandre, bien fûre de brifer, à fon tour, l'orgueil de Rhodes, quand cette ville voudrait fe mefurer avec les Conquérans du monde.

Au refte, les Rhodiens, par les fervices qu'ils rendirent aux Romains, retardèrent long-tems l'effet de leur politique deftructrice; ils fe firent battre pour eux, dans leur guerre contre Antiochus. Il eft vrai que peu de tems après, ils reparèrent ce défaftre, en remportant une victoire navale fur la flotte du même Prince, commandée par le fameux Annibal.

A la paix, Rome qui ne craignait pas encore Rhodes, lui donna, pour récompenfe de fon zèle, la Lycie & la Pifidie, Provinces de l'Afie mineure, qui étaient à fa bienféance.

Les Rhodiens, dont l'orgueil croiffait en raifon de leur puiffance, traitèrent leurs nouveaux fujets, avec toute la rigueur du defpotifme. La Pifidie murmura en filence; pour la Lycie, elle envoya des Députés à Rome, qui, introduits dans le Sénat, s'exprimèrent ainsi : » Nous obéissions au Roi de Syrie, & » son joug pesait à notre courage ; » mais aujourd'hui nous le regrettons. » Rien n'égale la tyrannie avec laquelle » nous traitent les Rhodiens. Ils oppri- » ment à la fois la nation & les indi- » vidus. Nos patrimoines sont dévastés » par les brigands qu'ils nous envoyent ; » ils attentent à l'honneur de nos fem- » mes, & nous-mêmes, ils nous placent » sans cesse entre l'opprobre & l'échaffaut.

Les Romains écrivirent avec le laconisme, qui convenait à la majesté des protecteurs des Nations. » Rhodiens, » nous ne vous avons pas donné la Lycie, » pour la rendre esclave : songez que les » hommes que vous opprimez, en même- » tems qu'ils sont vos sujets, sont les » alliés du peuple Romain «. Cette lettre ne fit son effet que très-tard : car, dans le premier mouvement de leur colère, les Rhodiens ne satisfirent le peuple mur-

murateur , qu'en appéfantiffant le joug qu'ils lui avaient impofé ; mais revenus enfuite à une politique plus éclairée , ils abdiquèrent la tyrannie , pour ne point rompre avec des alliés , qui femblaient n'attendre qu'un prétexte pour devenir leurs maîtres

La guerre de Perfée , fut fur le point d'amener la rupture entre les deux Républiques. Rhodes portée à favorifer une Puiffance , qui , feule à cette époque , pouvait maintenir l'équilibre du globe , garda dans fes ports la plupart de fes vaiffeaux de guerre , attendant le fuccès du premier combat , pour fe ranger du côté du vainqueur. Le Roi de Macédoine , à la première campagne , défit le Conful Licinius , en Theffalie. Alors , les fuperbes Infulaires , fe croyant les arbitres de l'Europe , envoyèrent une Ambaffade à Rome , moins pour demander la paix que pour l'ordonner. Le Sénat ne répondit à ce trait d'audace , qu'en faifant lire devant les Ambaffadeurs , un

décret ,

décret , qui rendait à la Lycie & à la Pisidie , leur indépendance.

Les Rhodiens , jouets d'une politique pusillanime , n'osant servir ni le Prince qu'ils aimaient , ni la République que leur orgueil avait irritée , retirèrent quelques vaisseaux de renfort , qu'ils avaient donnés à leurs anciens alliés , & restèrent neutres pendant tout l'intervalle de la guerre élevée entre Rome & la Macédoine.

Rome triompha enfin , & songea à punir Rhodes de sa neutralité : quand les Ambassadeurs de ces Insulaires, qui pressentaient les effets de son ressentiment, & qui avaient ordre de les prévenir, vinrent la féliciter sur ses victoires. » Nous » n'attendons point de félicitations , leur » dit le Consul, de la part d'un peuple » dont la fidélité nous est suspecte : votre » cœur était pour Persée , c'est à Persée » que vous devez faire vos complimens » de condoléance ; partez : Rome n'admet dans l'enceinte de ses murs que

» les Ambaſſadeurs des Etats , qui ont
» droit à ſa bienveillance.

Les Rhodiens , frappés comme d'un coup de foudre , revinrent en habits de deuil , l'olivier à la main , & ſe proſternant devant les Sénateurs , ils leur demandèrent la paix. Preſque tous avaient juré la ruine de ces Inſulaires ; mais Caton les ramena par cette harangue, digne de Marc-Aurèle.

» Qui ſommes-nous, pour uſurper les
» droits des Immortels ? Pourquoi cher-
» cher à lire dans le cœur des hommes ,
» pour y trouver des ennemis ſecrets ?
» N'avons-nous donc pas aſſez de ceux
» qui ſont armés ouvertement pour nous
» perdre ? La défaite de Perſée , a été
» ſenſible aux Rhodiens, je le ſçais ; mais
» il était de leur intérêt d'aimer le Pro-
» tecteur de la Grèce. Eh ! depuis quand
» un peuple libre doit-il être puni de
» ce qu'il cherche à l'être encore ? Nos
» armées menaçaient d'envahir l'Orient ;
» la Macédoine ſeule, oppoſait une bar-

»rière à nos conquêtes. Rhodes alors,
» a fait des vœux secrets pour le salut
» de la Macédoine. Où est son crime ?
» Au reste, punit-on des vœux secrets,
» à moins qu'on ne soit le génie du
» mal ? Cette République, dites-vous,
» a demandé la paix du ton superbe du
» commandement : que peut-on en con-
» clure, sinon, qu'il y a en Europe un
» peuple plus hautain que nous, & plus
» impérieux ? Le représentant d'un Etat
» libre, s'est exprimé devant vous, avec
» audace : eh bien ! une parole peu me-
» surée, est-elle un attentat que des tor-
» rens de sang humain doivent expier ?
» Craignons, à force de faire redouter
» notre joug, aux nations étrangères,
» qu'il n'y en ait aucune, qui nous par-
» donne notre supériorité. D'après ces
» principes que l'équité la plus sévère,
» ne peut défavouer, je suis d'avis qu'on
» accorde aux Rhodiens, la paix & la
» jouissance la plus tranquille de leur
» indépendance.

Rome, dont Caton aurait mérité d'être, presque toute sa vie, le génie tutélaire, entra dans les vues de ce grand homme, & se contenta d'ôter aux Rhodiens les deux provinces de l'Asie mineure, qu'elle leur avait cédées, après la défaite d'Antiochus.

Dans la suite même, cette République, touchée des efforts que faisaient les Rhodiens, pour recouvrer sa bienveillance, remit leurs principaux citoyens en possession des terres qui leur avait autrefois appartenu en Lycie & en Pisidie ; mais sans attenter à la liberté nationale de ces deux provinces. La reconnaissance de Rhodes se signala alors, par une statue de trente coudées, qui représentait Rome devenue la divinité du globe, & qu'elle érigea dans son temple de Minerve. Ce trait d'adulation, ramena la bonne intelligence entre les deux États, & Rome s'y prêta d'autant plus volontiers, qu'un peuple qui en adorait un autre, était évidemment subjugué.

Dans la guerre de Mithridate, avec les Romains, la politique des Rhodiens ne se démentit pas ; le Roi de Pont, furieux de voir la fidélité de ces insulaires à toute épreuve, équippa une flotte formidable pour les subjuguer ; mais une tempête dispersa une partie de ses vaisseaux, & quelques autres, dans une sortie de l'Amiral ennemi, furent brûlés ou coulés à fond. Le Monarque superbe, ne fut pas plus heureux au siége de Rhodes ; il vit couler à fond ses sambuques, &, découragé par ce premier échec, il leva le siége, avec bien plus d'ignominie que Démétrius.

Les guerres civiles de Rome, où Rhodes eut la faiblesse orgueilleuse de prendre parti, causèrent sa ruine. Cassius vint punir cette ville d'avoir arboré les drapeaux de César ; il remporta sur ses Amiraux deux victoires navales, &, quoique pour prévenir les horreurs d'un siége, elle lui eût ouvert ses portes, il la traita comme une place prise d'assaut. Vingt-cinq des

Républicains les plus déterminés , qui avaient pris la fuite à son approche, furent proscrits , & cinquante de leurs partisans envoyés au supplice.

Le farouche conquérant , non content de cette barbarie , ordonna à tous les habitans, sous peine de la mort, de lui apporter l'or & l'argent qu'ils possédaient en numéraire. Quelques-uns obéirent , d'autres cachèrent leurs tréfors ; mais ceux-ci ayant été dénoncés & conduits à l'é-chaffaut, tout le monde céda à la violence. Cette dernière contribution , valut seule à Cassius , huit mille talens, qui montent à plus de quarante-trois millions.

L'enlèvement des statues, suivit de près celui de l'argent monnoyé. On ne laissa , aux vaincus, que leur colosse , mutilé & renversé ; aussi Cassius se vantait-il d'avoir dépouillé les Rhodiens de tout, excepté de leur soleil.

Rhodes ne se releva jamais d'un pareil désastre. Envain Marc-Antoine rendit-il à cette ville ses anciens priviléges ; comme elle n'avait plus ni vaiſſeaux dans ſes ports, ni hommes dans ſes remparts, on ne fit, en l'appellant libre, que dorer le joug qu'on lui impoſait à jamais.

La chronologie de Rhodes, qui ne ceſſe d'être conjecturale, que vers le tems de la diſſolution de ſa monarchie, ſe réduit à un très-petit nombre d'époques, pour l'Hiſtorien Philoſophe.

Cette ville, s'il en faut croire la chronique d'Eusèbe, ne commença à avoir une marine puiſſante, qu'à l'an *666* de l'Ere de Paros.

Les monumens atteſtent que Rhodes était déja République, au tems de l'invaſion de Xerxès; alors on peut faire remonter l'époque mémorable de ſa liberté, à la première année de la ſoixante & quatorzième Olympiade, qui répond à la 1098ᵉ de l'Ere que nous adoptons; c'eſt l'année fixée par les Hiſtoriens, pour la naiſſance d'Hérodote.

Le ſiége de Rhodes fut levé par Démétrius, 180 ans après, c'eſt-à-dire la première année de la cent dix-neuvième Olympiade.

Enfin, ce fut à la fin de l'an 1539, ou 43 ans avant l'Ere vulgaire, que Caſſius vint, en ſaccageant cette ville, anéantir les veſtiges de ſon ancienne République.

HISTOIRE

DE

SAMOS.

L'ISLE de Samos, féparée par un petit bras de mer du continent de l'Afie, auquel elle tenait dans les tems primitifs, n'a qu'une Hiftoire vague & mutilée, jufqu'à la tyrannie de Polycrate. Cependant, les monumens que renfermait fa capitale, & dont les ruines fubfiftent encore, annonceraient un tems, où la fplendeur de cet Etat, pouvait égaler celle des premières villes du Péloponèfe.

Hérodote comptait trois merveilles dans l'ancienne Samos (a) ; un Mole de

(a) Lib. 3.

vingt toifes de hauteur, & de cent cinquante pas de long, jetté dans la mer,
pour prévenir fes ravages; un Aqueduc au
travers d'une montagne, percée dans l'é-
rendue de huit cents foixante-quinze pas;
& fur-tout un Temple de Junon, d'une
enceinte immenfe, qui renfermait les
chef-d'œuvres de la Peinture & de la
Sculpture. On pourrait joindre, à toutes
ces merveilles, les remparts même de
Samos, dont les débris ont paru, à un
Voyageur éclairé, *ce qu'il y a de plus
fuperbe en Orient* a. Le foffé, qui en
défendait les approches, avait été taillé
dans le roc vif par des captifs de Lesbos;
toutes les tours étaient de marbre, & les
murailles, qui avaient entre dix & douze
pieds d'épaiffeur, étaient formées auffi
d'énormes quartiers du même marbre,
taillé à facettes comme des diamans. On

(a) *Tournefort*, Voyage du Levant, tome 1,
pag. 117.

ne trouve point une pareille magnificence dans Perſépolis ou dans Babylone.

Le temple de Junon , la Divinité tutélaire de Samos , avait éprouvé pluſieurs
révolutions, avant de devenir le ſanctuaire
des arts , ſous le beau ſiècle d'Alexandre.
Originairement, quand il fut bâti par les
Argonautes (*a*) , il conſiſtait en quatre
murailles groſſières , ſans périſtyle, ſans
colonnes & ſans voûte. La ſtatue même
de la Déeſſe n'était qu'une planche (*b*) ,
dont les contours informes donnaient une
idée vague de l'architecture du corps humain. Les Prêtres , qui deſſervaient ce
temple , tirèrent parti de l'antiquité de
ce monument; ils commencèrent par répandre ſourdement le bruit, que Junon
elle-même était née ſous un de ces arbres
que les Naturaliſtes appellent *Agnus Caſ-
tus* , & qui, en effet , croiſſent en grand

(*a*) *Pauſan.* in Arcad.
(*b*) *Clem. Alex.* Strom. lib. 1.

nombre dans l'Archipel ; cette tradition religieuse, une fois enracinée, ils montrèrent, dans le temple, le pied même de l'Agnus Castus sacré, ce qui, dans la logique de la superstition, prouvait évidemment que les Dieux naissent sous les arbres. Les prodiges vinrent ensuite à l'appui de ce conte sacerdotal. On assura, en particulier, que des pirates Tyrhéniens, ayant voulu enlever la statue de Junon, devenue le Palladium de Samos, n'avaient jamais pu mettre à la voile, qu'après avoir rendu l'idole, & expié leur sacrilége (*a*). Le Gouvernement, qui ne croyait pas à ces fables, les soutint par politique, afin que sous prétexte de pélerinage, Samos devînt un jour le centre du commerce de l'Archipel.

Quand le culte de la Déesse née sous l'Agnus Castus fut accrédité, on lui érigea un temple, plus digne de l'hommage de

____

(*a*) *Athen.* Deipnosoph. lib. 15.

fes adorateurs ; le Sculpteur d'Egine , Smilis , contemporain de Dédale , vint fubftituer, à la planche façonnée en Junon, une vraie ftatue ; alors les dons des Rois, & les offrandes de la multitude affluant à Samos , fervirent à enrichir fes Prêtres, & à donner une marine à fon gouvernement.

Ce fecond temple , bâti dans un âge intermédiaire , fut brûlé par les Perfes, & on en éleva un troifième de la plus grande magnificence. C'eft celui qu'Hérodote appellait une des merveilles du monde. Le premier Peintre dont on emprunta le pinceau pour le décorer, y expofa les amours de Jupiter & de Junon, prefque fans voile (*a*), ce qui, peut-être, prouvait moins le cynifme de l'Artifte , que la naïveté des mœurs du tems. Parmi les ftatues dont le portique du temple était enrichi , on admirait, fur-tout, un

______

(*a*) *Origen.* Contr. Celf. lib. 4.

grouppe de trois coloffes , réunis fur la même bafe , un des chef-d'œuvres de Myron , le rival de Phidias. Ce monument de génie fut enlevé par Marc-Antoine , dans la guerre du fecond Triumvirat ; mais Augufte , après avoir pacifié la terre , rendit à Samos deux ftatues de ce grouppe , qui étaient l'Hercule & la Minerve , & garda la troifième , qui repréfentait Jupiter , pour en faire un des ornemens du Capitole.

On ne fait rien fur l'origine de la population de Samos , fi ce n'eft que des Thraces vinrent , à une époque incertaine , y fonder une colonie (*a*). De-là , jufqu'à ce que Nilée vint bâtir fa capitale , l'ifle ne fut connue que par la chaumière facrée de Junon , & par le roman de fa naif-

---

(*a*) *Strab.* Geogr. lib. 10 ; le même Géographe , dans le livre 14 , en attribue l'honneur , d'abord aux Cariens , enfuite aux Infulaires d'Ithaque & de Céphalenie.

sance. Ce Nilée est le héros de l'Ionie, qui bâtit tant de villes le long des côtes de l'Asie mineure, l'an 506 de l'Ere de Paros.

Trois cents soixante-douze ans après, c'est-à-dire trois siècles avant la fin de la guerre du Péloponèse ' pour me servir des termes de Thucydide (*a*), Samos, qui tenait un rang dans la confédération des villes Ioniennes, avait déja une marine. Ce fut le Corynthien Aminoclès, le plus habile Artiste de son tems, qui lui construisit les quatre premiers navires, avec lesquels elle fonda son commerce sur la Méditerranée. Ses progrès furent immenses; & bientôt elle put se passer, pour s'enrichir, de son Agnus Castus sacré, & des fables Mythologiques de ses Prêtres.

Cependant l'histoire de Samos, depuis la fondation de sa capitale jusqu'à la tyrannie de Polycrate, est vague & sans

----

(*a*) *Hist.* lib. 1.

évènemens. Cette isle eut quelques Rois qui l'opprimèrent obscurément; elle passa ensuite au pouvoir d'un petit nombre d'Aristocrates, connus, (dans le pays du moins) sous le nom de Géomores. Ce Gouvernement fit place à la démocratie, qui, peu affermie sur sa base, fut renversée à son tour par le machiavélisme de Sylofon.

Sylofon, le Pisistrate de Samos, voyant ses concitoyens sur le point de commencer une guerre, dont le succès était incertain, leur conseilla, pour gagner la bienveillance de Junon, de se rendre tous dans son temple, qui était situé hors des remparts. Pendant que la multitude crédule s'acheminait ainsi vers l'édifice sacré, lui-même, à la tête de ses satellites, se rendit maître du port & de la citadelle (a); les Samiens, qui étaient entrés libres dans le temple de Junon, en sortirent esclaves.

____

(a) *Polyen.* Stratag.

L'Ifle, après la mort de Sylofon, fe gouverna quelque tems fous la forme de République, enfuite Æaque la remit fous le joug. Cet Æaque, peu connu par lui-même, fut le père de Polycrate, le feul Samien qui mérite, avec Pythagore, de figurer un moment dans une Hiftoire des Hommes.

TYRANNIE

DE

POLYCRATE (*a*).

POLYCRATE, comme Auguste &
Cromwel, joignit le bonheur au génie
des tyrans. Né avec de grandes richesses,
il les fit servir, dès son adolescence, à
acheter la bienveillance du peuple qu'il
voulait asservir. Son ame souple se prêtait
à tous les rôles que son ambition avait à
jouer; services & violences, crimes &
exploits, il employait tout indifférem-
ment pour parvenir à ses fins, & quand

(*a*) *Herod.* lib 3; *Pausan.* in Attic.; *Plin.*
lib. 33 & 37; *Strab.* lib. 14; *Polyen*, lib. 1;
Athen. Deipnosoph. lib. 12.

le sentier qu'il se frayait était trop difficile, la Fortune, qui semblait veiller
auprès de lui, savait le lui applanir.
Il est heureux, pour la terre, que le
théâtre où il déploya ses exploits fût
circonscrit : car, s'il avait eu Rome ou
Persépolis à gouverner, son ambition,
heureuse & cruelle, aurait fait une plaie
profonde à l'epèce humaine.

Polycrate avait deux frères, avec qui
il concerta le projet d'usurper le pouvoir
suprême. L'exécution du complot suivit
de près l'idée qu'il en fit naître. Un jour
où le peuple célébrait, avec pompe, la
fête de Junon, sa divinité tutélaire, les
conjurés se présentèrent, à la tête d'un
petit nombre de soldats, & se rendirent
maîtres des remparts de la ville & de la
citadelle. Une tradition ancienne veut
que Polycrate ne trouva que quinze complices dans Samos, & le bon Hérodote
en conclut qu'il fallait que le patriotisme
fût bien enraciné dans la ville, pour qu'on
n'y rencontrât que quinze artisans des

difcordes publiques. Pour nous, nous en concluons qu'il fallait que le patriotifme eût bien peu d'énergie, pour qu'une ville puiffante fe laifsât fubjuguer par quinze hommes. Car Polycrate, de ce moment, régna, & ferait mort dans fon lit, s'il ne s'était pas brouillé avec la Perfe.

Le tyran avait promis, à fes frères, fi le complot réuffiffait, de partager l'ifle entière avec eux : il tint fa parole, tant qu'il vit du danger à y manquer. Mais auffi-tôt que, par l'affermiffement de fon pouvoir, il put être fcélérat impunément, il bannit le moins intriguant, & fit mourir celui qui lui faifait le plus d'ombrage.

Polycrate, devenu odieux à fes concitoyens, fongea à étayer fa couronne incertaine par des alliances. Amafis étendait alors, fur l'Egypte, le fceptre de fer qu'il avait ufurpé. Les deux tyrans firent entr'eux une ligue offenfive & défenfive contre leurs peuples, & il y eut des Poètes affez lâches pour applaudir à cette efpèce de conjuration contre le bonheur des hommes.

Le tyran de Samos, dont le génie était aussi actif que destructeur, affermi désormais sur son trône, songea à se faire un nom dans la postérité, par la gloire meurtrière des conquêtes ; il équipa une flotte de cent galères, avec laquelle il subjugua quelques villes de l'Asie mineure, & la partie de l'Archipel, qui était à sa convenance. Alliés ou ennemis, il n'épargna aucun des peuples qu'il avait rangés dans sa liste fatale de proscription, & Lesbos ayant tenté de lui résister, il vainquit ses habitans, & employa les prisonniers qu'il fit dans toute la campagne, à creuser, dans le rocher, un fossé immense autour des remparts de sa capitale.

Amasis apprit, à Memphis, la prospérité des armes de Polycrate : il écrivit alors, au tyran, une lettre, dont la philosophie contraste assez avec son caractère : elle nous a été transmise par Hérodote.

» J'apprends, avec joie, la nouvelle
» des conquêtes de Polycrate, mais sa
» prospérité constante alarme mon ami-
» tié. Les Dieux n'aiment pas assez les
» hommes, pour leur accorder un bon-
» heur sans mélange. J'avoue que si j'étais
» à la place du Souverain de Samos, j'ai-
» merais mieux un enchaînement varié
» de succès & de revers. C'est une tra-
» dition assez généralement reçue, que
» l'homme qui a été heureux pendant
» tout le cours d'une longue vie, voit
» une mort tragique terminer sa carrière.
» Je n'ai qu'un conseil à donner à Poly-
» crate, c'est de voir quel est l'objet qui
» lui est le plus cher, & dont la perte
» lui donnerait plus de regrets, & de
» s'en défaire volontairement, afin de
» rendre inutile le présage sinistre qui
» résulte de son éternelle prospérité «.

Polycrate, à la lecture de cette lettre,
sentit la justesse de l'observation philo-
sophique, &, justement alarmé sur un
avenir, qu'il ne voyait qu'avec les yeux

du remord , réfolut de faire ufage du confeil de Pharaon. Heureufement qu'il n'avait ni fils , ni époufe à immoler à fes terreurs. Une émeraude femblait alors l'unique objet de fes complaifances. C'était une pierre d'un prix infini , qu'il avait fait enchâffer dans un cercle d'or , & fur laquelle il avait fait graver fon cachet. Il la prend en filence , monte une galère à cinquante rames , & s'étant éloigné de la vue de Samos , il la jette au milieu de la mer ; tranquille enfuite fur fa deftinée , il rentre dans fon palais , & y paffe une nuit calme ; fi cependant un tyran , même heureux , peut dormir d'un bon fomme.

Peu de jours après , un pêcheur , qui avait pris un poiffon d'une taille monftrueufe , le crut digne de la table d'un Roi , & en fit préfent à Polycrate. On ouvrit ce poiffon pour l'apprêter , & on y trouva l'émeraude. Le tyran pâlit en apprenant cet excès de bonheur , & demanda confeil à Amafis ; mais le Pharaon , pour toute réponſe , rompit avec lui , déclarant qu'il ne voulait pas être enveloppé dans l'orage qui s'apprêtait à fondre ſur la tête de Polycrate.

Polycrate marcha cependant encore long-tems de crime en crime & de victoire en victoire : ayant fait alliance avec Cambyſe, il envoya quarante galères à ce Prince , pour tenter la conquête de l'Egypte : il avait pris la précaution de les faire monter par tous les citoyens de Samos, dont la fidélité lui était ſuſpecte, & il pria le ſucceſſeur de Cyrus , quand ils auraient été les ſatellites de ſes fureurs , de faire enſorte qu'aucun d'eux ne revînt dans ſa patrie. Cet abominable ſecret fut éventé , avant qu'on pût le mettre à exécution. Les républicains de Samos, ſe voyant gardés à vue dans le camp qu'ils étaient venu défendre, ſoupçonnèrent un complot entre les deux tyrans, & remontèrent ſur leurs navires. Polycrate , dont la ſcélérateſſe était à toute épreuve , conſomma , l'épée à la main, l'ouvrage ténébreux de la perfidie; il alla à la rencontre de cette troupe fugitive, la vainquit, & força ceux qui survécurent au carnage, de chercher un asyle dans Lacédémone.

Les Spartiates, qui étaient encore, à cette époque, les vengeurs de tous les opprimés, vinrent mettre le siége devant Samos; mais, fatigués par les sorties heureuses des habitans, déconcertés par le génie de Polycrate, voyant leurs Généraux sans vie, ils se retirèrent au bout de quarante jours, & rentrèrent dans le Péloponèse. On prétend que le tyran acheta la retraite des assiégeans, moyennant une somme considérable, & qu'au moment de remplir le traité, il la paya en fausse monnaie : l'adulation historique n'a cité ce trait que comme une preuve du bonheur de Polycrate.

Enfin, le pressentiment d'Amasis se justifia, & Samos vit rompre le fil auquel tenait le bonheur de Polycrate. Il y avait, en Lydie, un Vice-Roi de la Perse,

nommé Oretès, qui, jaloux de terminer
des querelles de limites avec ses voisins,
envoya un Député au tyran de Samos.
Celui - ci s'entretenait avec Anacréon,
quand le Perse arriva : enivré de l'encens
ingénieux du Poëte, il ne daigna pas répondre à l'Envoyé du Vice-Roi, ni même
le regarder ; le superbe Oretès fut blessé,
jusqu'au vif, d'un pareil dédain, & jura
la perte de Polycrate.

Ce fut par une perfidie que le Satrape
se vengea. Comme il voulait se rendre
maître des Etats & de la personne de
Polycrate, sans tenter les hasards d'un
combat, il offrit, au tyran, de grandes
sommes d'argent, pour l'aider à acheter
l'Empire de la Grèce. L'unique condition
qu'il mettait à ce bienfait, était que
Polycrate viendrait retirer lui-même le
trésor qui lui était destiné. Le Despote
de Samos, aveuglé par son ambition,
ne soupçonna, dans l'étrange proposition
d'Oretès, aucune perfidie ; il s'embarqua
pour Magnésie, où résidait alors le Sa-

trape : mais à peine fut-il defcendu de
fon vaiffeau, que les fatellites d'Oretès
l'enchaînèrent, & le firent périr par le
fupplice de la croix.

C'eft ainfi que Polycrate expia les
horreurs de fon règne. Hérédote, accoutumé à fe jouer des faits & des renom-
mées, dit qu'*une pareille mort était indigne
d'un fi grand homme.*

Le grand homme d'Hérodote mourut,
fuivant Pline (*a*), l'an 230 de la fondation de Rome, qui répond à l'an 1059
de l'Ere de Paros, ou à la feconde de la
foixante-quatrième Olympiade.

(*a*) *Hiftor. Natur.* lib. 33, cap. 1.

DE

PYTHAGORE.

CE fameux contemporain de Polycrate naquit à Samos, à une époque peu reculée du tems où le fecond Zoroaftre étonnait l'Orient par fes preftiges, & où Confutfée l'éclairait par fes ouvrages. Dès l'âge de dix-huit ans, dévoré de l'envie de tout connaître, & ne trouvant perfonne, dans fa patrie, qui fût digne d'être fon maître, il réfolut de parcourir une partie du globe, & de mettre à contribution tous les fages du monde connu, pour acheter le droit d'interpréter aux hommes le livre de la Nature.

Phérécyde l'arrêta quelque tems dans l'ifle de Scyros ; c'eft lui qui commença à développer en lui les germes du théifme, & qui, à force de le faire rêver fur l'immortalité, jetta, dans son esprit, le fondement du dogme de la métempsycose.

Il alla, à Sparte, étudier la législation de Lycurgue; en Crète, consulter Epiménide; à Babylone, apprécier la personne de Zoroastre; & en Egypte, déchiffrer les hiéroglyphes, où les Prêtres d'Héliopolis avaient renfermé la science universelle.

On croit, mais sur une tradition très-suspecte, que le séjour de ce Philosophe en Egypte fut de vingt-cinq ans; sans doute qu'indigné des fers que Polycrate avait donnés à sa patrie, il s'en bannit tout le tems de son règne, pour n'avoir point à respirer le même air que les tyrans. Pendant qu'il fréquentait les Prêtres d'Héliopolis, il eut envie de connaître les fameux mystères d'Isis, & pour avoir les bonnes graces de l'Hyérophante, il fut obligé de se faire circoncire (*a*).

____

(*a*) *Clem. Alex.* Stromat. lib. 1.

Ce fut probablement dans son initiation aux mystères Egyptiens , que Pythagore descendit aux Enfers , & qu'on lui fit voir l'ame d'Héfiode attachée à une colonne d'airain , & celle d'Homère pendue à un arbre , pour les punir d'avoir écrit des blafphèmes fur la nature des Dieux.

Pythagore pafla plufieurs années dans l'Inde ; c'eft-là qu'il mit la dernière main à fon grand fyftême de l'échelle des êtres , de la fenfibilité univerfelle , & de la métempfycofe.

De retour de fes voyages , il vint s'établir à Crotone , & donna , à fes habitans , des mœurs & des loix.

Il eut un grand nombre de difciples ; mais pour en avoir le titre , il fallait fubir le plus rigoureux des noviciats : on était cinq ans fans parler ; au bout de ce terme , on acquérait le droit de communiquer fes doutes au maître , ou d'éclaircir ceux des profanes.

La communauté des biens était établie

parmi les élèves de Pythagore ; l'orgueil des fortunes, ainsi que celui des rangs, disparaissait devant le Sage de Samos, & il n'y avait que la supériorité d'intelligence qui pût établir quelque distinction dans cet ordre religieux de Philosophes.

Cependant, on ne faisait point de vœux en entrant chez ces illustres cénobites ; mais lorsqu'un Pythagoricien, lassé de ne vivre que pour se vaincre, rentrait dans le monde, les autres le regardaient comme mort pour la vertu, & ils lui érigeaient un tombeau, mais sans maudire sa mémoire.

Pythagore passait pour infaillible dans son Académie ; mais il ne se disait point inspiré : ses oracles partaient tous d'une raison éclairée, & non de cet enthousiasme que produit le délire des sens : il lisait dans l'avenir, en calculant les probabilités humaines, & non en montant sur un trépied sacré, ou en observant le cours des étoiles.

On a dit qu'il avait changé des fèves

en fang ; qu'il s'était fait faluer par le fleuve Neffus, & qu'il avait paru avec une cuiffe d'or aux jeux Olympiques ; mais tous ces contes partaient d'un peuple ftupide, qui ne croyait pas que le Sage pût exifter fans prodiges, ou de fophiftes jaloux, qui ne le relevaient que pour le rendre ridicule.

Pythagore parvint à l'âge de 90 ans, mais ne mourut pas dans fon lit. Il avait refufé d'admettre, au rang de fes difciples, un nommé Cylon, le Catilina de Crotone, par la vigueur de fon caractère, & par fa fcélérateffe : celui-ci, pour fe venger, mit le feu à la maifon où le Sage tenait fon Académie ; il ne fe fauva, de l'incendie, que trois hommes, du nombre defquels était Pythagore. Ce grand homme, voyant que la loi fe taifait fur ce grand crime, & preffentant l'ingratitude d'une ville, dont il avait été vingt ans le dieu tutélaire, fe retira à Métapont, choifit, pour fon afyle, le temple des Mufes, & s'y laiffa mourir de faim.

Pythagore écrivit beaucoup (a), mais il ne nous reste de lui qu'un petit nombre de vers, & quelques fragmens épars dans les Historiens de l'antiquité.

Sa Physique était celle de son tems; c'est-à-dire l'art de déraisonner sur les phénomènes de la nature: il croyait, par exemple, que les morts, en se rassemblant, produisaient les tremblemens de terre, & que le Nil n'avait d'autre source que l'arc-en-ciel (b).

Pour sa morale, elle dérivait du théisme, & y ramenait sans cesse.

Socrate, le grand Socrate, se faisait gloire d'avoir adopté cette morale sublime de Pythagore.

Trois Législateurs célèbres en firent la base des institutions politiques qu'ils donnèrent aux nations. Charondas la porta, à Thurium; Zaléucus, à Locres, &

(a) Voyez la liste de ses ouvrages dans Diogène Laërce *vit. Pythag.*

(b) Elien, *Histor. Divers.* lib. 4, cap. 17.

Xamolxis, chez les Thraces ; Rome même en fit le fondement de ses douze
tables : aussi quand il fut question , dans
cette ville célèbre , d'honorer la mémoire
du plus vaillant & du plus sage des hom-
-mes , on s'accorda à y ériger des statues à
Alcibiade & à Pythagore.

RÉVOLUTIONS

OBSCURES

DE SAMOS.

FIN DE SON HISTOIRE (*a*).

SAMOS, comme je l'ai dit, n'a que deux hommes à citer dans ses annales, Pythagore & Polycrate. Après la mort du dernier, Méandre son Secrétaire s'empara du pouvoir souverain, mais pour rendre la liberté à sa patrie; des esprits turbulens voulurent le punir de sa grandeur d'ame; alors il reprit l'autorité qu'il venait d'abdiquer, & il la

______

(*a*) *Herod.* lib. 3 ; *Thucyd.* lib. 1 ; *Diod. Sicul.* lib. 12 ; *Plutarch.* in Pericl.

conferva jufqu'à ce que la Perfe, inter-
venant dans les affaires de la Grèce, il
fe vit contraint de céder fa couronne à
Sylofon, frère de Polycrate.

Cette révolution, au refte, ne s'opéra
qu'avec des torrens de fang humain.
Otanes, chargé, par Darius, de rendre
Samos à Sylofon, paffa au fil de l'épée
le plus grand nombre de fes habitans,
pilla les maifons, brûla les temples, &
ne laiffa pour appanage au nouveau Roi,
qu'un vafte défert.

Sylofon, prefque fans fujets, ofa encore en être le tyran. Æaque, fon fucceffeur, ne refpecta pas plus les droits
de la nature humaine, & il en fut puni
par Ariftagore de Milet, qui lui ôta fa
couronne ; le tyran dépouillé, appella
les Perfes, pour fe venger. Alors les
chefs des infortunés Samiens, n'ayant
plus de patrie, allèrent en Sicile, s'emparèrent de la ville de Zancle, & y fon-
dèrent un petit État, dont la profpérité
excita la jaloufie des tyrans de Syracufe.

Æaque rétabli dans Samos, à condition qu'il ne ferait qu'un Satrape de la Perse, refta fidèle à fes protecteurs. Comme le trône & la lâcheté étaient héréditaires dans cette famille, Théomeftor, le fucceffeur d'Æaque, fervit Xerxès dans fa fameufe expédition contre la Grèce, & il ne tint pas à lui, qu'il ne reftât pas un feul homme libre dans le Péloponèfe & dans l'Archipel.

La défaite des Perfes, à Mycale, renverfa la double tyrannie que Samos éprouvait de la part de fes maîtres & de fes protecteurs. Cette ville, devenue libre, fit une alliance particulière avec Athènes, &, grace à fes confeils, recouvra peu à peu fon ancienne fplendeur. Mais après trente-fept ans de paix, ayant offenfé Périclès, qui, à cette époque, tenait dans fes mains les deftinées de la Grèce, ce Héros d'Athènes vint, avec une flotte de quarante galères, inveftir l'ifle, s'empara de la capitale, & changea le Gouvernement des nobles en Démocratie.

A peine le vainqueur fut-il parti, que des factieux vinrent détruire son ouvrage. Avant d'éclater, ils avaient fait épouser leur querelle aux Phéniciens, ce qui les rendit formidables : Périclès, qui ne regardait plus Samos que comme un asyle de rebelles, vint pour châtier cette ville ; mais la fortune l'abandonna tout-à-fait ; & après avoir vu son camp pillé par un ennemi vainqueur, il fut obligé de lever le siége de la place.

La campagne suivante, Samos échoua, à son tour, contre le génie de Périclès ; après neuf mois de siége, elle fut contrainte de capituler ; on l'obligea à détruire elle-même ses murailles, à livrer sa flotte, & à compter son isle au nombre des provinces de l'Empire d'Athènes.

De ce moment, Samos désarmée, sans population & sans marine, devint la proie du premier conquérant qui se présenta devant ses remparts.

Les victoires de Lysandre la firent passer sous la dépendance de Lacédémone ; Tigrane , un des Satrapes de l'Afie mineure, l'affervit au joug de la Perfe. Timothée la rendit à Athènes. Les Rois de Pergame l'ajoutèrent à leurs domaines, & enfin Attale, le dernier de fes Souverains, ayant eu la lâcheté de léguer fes peuples aux Romains, les déprédateurs du monde, en vertu de ce teftament, mirent Samos, ainfi que Pergame, au nombre de leurs conquêtes.

La mort d'Attale, & le tranfport de Samos aux Romains , eft de l'an 1448 de l'Ere de Paros, qui répond à la dernière année de la cent foixante-unième Olympiade.

DES

DÉTAILS HISTORIQUES,

QUE L'ANTIQUITÉ NOUS A CONSERVÉS, SUR LES DEUX ARCHIPELS GRECS, DE L'ASIE MINEURE ET DE L'EUROPE.

Nous nous sommes étendus sur les feules ifles du monde Grec, qui méritent de fixer les regards des fiècles ; fur la Crète , fur Chypre , fur la Sicile , fur Rhodes & fur Samos (a) ; nous n'avons

(a) Voyez , pour la Crète , le tome 3 de cette Hiftoire de la Grèce , pag. 122 ; pour l'ifle de Chypre , le tome 7 , pag. 63 ; pour la Sicile , le même volume , pag. 76. Quant à Rhodes & à Samos , elles viennent d'occuper nos crayons.

pas même négligé Egine , Théra , Cos &
Salamine (*a*) , quoique très-peu impor-
tantes par elles mêmes , parce qu'elles
tiennent, par un fil, aux annales du Péloponèfe ; pour les autres , elles n'ont point
d'hiftoire fuivie , même pour les contemporains. Cependant , comme il ne
faut rien laiffer à defirer à la curiofité philofophique , fur tout ce qui tient aux inftituteurs de la terre , nous allons parcourir
rapidement , parmi ces ifles fubalternes ,
le petit nombre de faits qui ont échappé
à l'oubli. Quant à celles , que nous ne
nommerons même pas , c'eft que leur
géographie renferme à-peu près toute leur
hiftoire (*b*).

L'Archipel de l'Afie mineure , qui

(*a*) Voyez , pour Egine , le tome 5 de cet
Ouvrage, pag. 115 ; pour Théra , le tome 4 ,
pag. 137 ; pour Cos , le tome 6 , pag. 125.
Les faits qui concernent Salamine , font épars
dans les trois derniers volumes.

(*b*) Voyez , pour cette Géographie , le tome 1
de cette Hiftoire , pag. 169.

comprend toutes les iſles ſemées dans les différentes mers qui baignent cette vaſte péninſule, depuis l'extrémité orientale du Pont-Euxin, juſqu'à la partie de la Méditerranée, qui borne les côtes de la Syrie & de la Phénicie, offre, à nos crayons, les iſles de Lemnos, de Lesbos, de Chio & de Samothrace.

L'Archipel d'Europe, ſe borne, pour les lecteurs qui veulent moins des noms que des évènemens, aux iſles de Délos & de Paros, & à l'Eubée.

Lemnos. — Cette iſle eſt connue, dans la haute antiquité, par ſon fanatiſme; elle avait un temple célèbre, dédié à Junon, où elle immolait des vierges.

Un volcan, qui ſe forma dans ſon ſein, donna ſans doute le change à la ſuperſtition populaire. Les habitans, qu'effrayaient ſes éruptions, occupés à déſarmer le courroux du Dieu du feu, négligèrent le culte abominable de leur Junon; alors le couteau des Prêtres ceſſa de ſe teindre du ſang des vierges.

On sait que ce volcan, dont la physique des Poëtes Grecs ne pouvait expliquer les phénomènes terribles, leur a fait imaginer la fable des forges de Vulcain.

Lemnos produit unè terre sigillée, qu'on a cru long-tems un excellent topique pour guérir de la morsure des serpens. Cependant, Philoctète, abandonné dans l'isle, après avoir été atteint d'une flèche empoisonnée, ne guérit pas de sa blessure. Sans doute que la propriété de cette terre Lemnienne, était peu connue au tems du siége de Troye.

Lemnos possédait, dans une de ses métropoles, un labyrinthe orné de quarante colonnes colossales, qui le disputait, en magnificence, au labyrinthe de Crète, & à celui des Pharaons (a).

L'isle de Lemnos fut originairement peuplée par des Thraces; elle passa ensuite aux Pélasges déprédateurs, qui pro-

____

(a) *Plin.* Histor. Natur. lib. 4, cap. 12.

longèrent si long-tems la barbarie primitive de la Grèce. On croit aussi qu'elle eut pour maîtres les Minyens, ou la postérité des Argonautes.

Un peuple barbare, ne peut être soumis qu'à des despotes. Thoas, le seul d'entre eux dont parle l'Histoire (*a*), se disait fils du Bachus Oriental, le conquérant de l'Inde. Sous son règne, les femmes de l'isle, irritées de ce que leurs maris fuyaient leur commerce, conjurèrent contre eux, & les égorgèrent tous, à l'exception du Roi, qui fut sauvé par la tendresse de sa fille Hipsipyle. Ce Thoas, qui lai a egorger tous ses sujets par leurs femmes, est appellé le *Divin Thoas,* par l'Auteur de l'Iliade.

D'anciens Commentateurs de cette histoire plus que suspecte, prétendent qu'Hipsipyle fut bannie, par les Ama-

---

(*a*) *Herod.* lib. 6 ; *Apollod.* lib. 3 ; *Stat. Thebaïd.* lib. 4 & 5.

zones, de son pays, pour avoir sauvé la vie à son père. Cependant, nous avons vu que cette héroïne y régnait, au tems de l'expédition des Argonautes. Jason, en partant, la laissa enceinte de deux enfans, qui ne revirent jamais leur père.

Lemnos passa sous le joug d'Athènes, grace à la valeur de Miltiade, &, après s'être agité obscurément, sous les successeurs d'Alexandre, pour recouvrer son indépendance, Sylla vint, & la réunit aux conquêtes de sa République.

Lesbos (*a*). — Cette isle, quoique du tems de Strabon même, bornée à onze cents stades de circonférence, passait, dans l'antiquité, pour une des sept grandes isles de la Méditerranée. Elle avait huit villes considérables dans son enceinte, dont cinq furent successivement détruites par des tremblemens de terre, ou par les

---

(*a*) *Diod. Sicul.* lib. 5 ; *Strab.* lib. 13 ; *Herod.* lib. 5, 6 & 9 ; *Diog. Laërt.* in *Pittac.* *Vitruv.* lib. 1, cap. 6 ; *Aristot.* Politic. lib. 5.

flots de la mer, qui franchirent ſes limites. Des trois autres, Eréſos & Méthymne
ont laiſſé peu de traces de leur grandeur.
L'hiſtoire de l'iſle entière, ſe réduit donc
à celle de Mitylène, ſa capitale.

Mitylène, une des plus belles villes
de l'Archipel, mais aſſez mal ſituée, puiſ-
qu'au rapport de Vitruve, tous les habitans étaient malades, quand ils voyaient
ſouffler les vents du Midi & du Nord-
oueſt, conſerve encore des veſtiges de
ſon ancienne ſplendeur; car on y trouve
une foule de colonnes de marbre ou de
granit, des débris de péryſtiles, & beaucoup de médailles.

Les premiers Inſulaires de Lesbos,
vinrent dit-on, de l'Eolide. Ils étaient,
dans l'origine, ſoumis à des Rois. Maca-
rée la tige de cette dynaſtie, régnait,
dit-on, immédiatement après le déluge
de Deucalion.

Dès que ces Rois voulurent opprimer,
on les chaſſa, & la monarchie fit place à
l'ariſtocratie.

Mitylène, au tems de la révolution, se créa une marine, avec laquelle elle soumit, dans le continent de l'Afie, une partie de la Troade.

Athènes ne vit point, fans jaloufie, qu'une ifle auffi obfcure que celle de Lesbos, lui difputât l'empire de la Méditerranée, & elle envoya fes Amiraux défier la flotte rivale, jufques fous les murs de Mitylène.

La première campagne fut fatale aux Lesbiens. C'eft dans une des batailles qui fe livra dans l'ifle, que le Poète Alcée, combattant pour fa patrie, jetta honteufement fes armes, dès le commencement de la mêlée, & prit la fuite. Le vainqueur, au défaut de trophée plus glorieux, fufpendit le bouclier du Poète au temple de Minerve.

Pittacus, dans une autre campagne, vengea Mitylène. Nommé Général d'armée, il défia, à un combat fingulier, Phrynon, le Commandant des troupes d'Athènes, l'enveloppa avec un filet qu'il

tenait caché fous fon bouclier , & le tua :
cet évènement décida de la victoire.

Mitylène , reconnaiffante , confia le
pouvoir fuprême à fon libérateur. Celui-
ci l'accepta pour dix ans , & fe fit , dans
l'intervalle , le Légiflateur de fon pays.
Ses inftitutions, que d'ailleurs on ne con-
nait pas , devaient être amies de l'homme ;
car il paffait pour le plus pacifique des
Souverains. Il difait qu'une paix hon-
teufe , valait mieux qu'une guerre brillante , & il ne reconnaiffait , pour vraies
victoires , que celles qu'on remporte fans
répandre de fang. On eft tout étonné , de
trouver ces maximes philofophiques, des
Pen & des Marc-Aurèle , au fiècle de
Pififtrate.

Pittacus , qui n'avait que l'ambition
des grandes ames , celle d'éclairer les
hommes , ou de les rendre heureux ,
voyant fa patrie floriffante & tranquille ,
après dix ans de règne , abdiqua le pouvoir fuprême. Il fut mis , par la Grèce ,
au rang des fept Sages.

L'antiquité cite de ce grand homme, un difcours fur les loix, & fix cents vers d'élégies, qui ne nous font point parvenus. On fait feulement, qu'il avait fait une épigramme de cette penfée philofophique: *Il faudrait que le fage eût une flèche, pour fe faire jour dans l'ame du méchant ; car cette ame contredit, à chaque inf'ant, les paroles qui s'échappent de fa bouche.*

Pittacus furvécut dix ans à fon abdication, & il en avait foixante & dix quand il mourut. On place la mort de ce Sage, l'an 1012 de l'Ere de Paros, qui répond à la troifième de la cinquante-deuxième Olympiade.

Mitylène, République, fe foutint, avec avantage, jufqu'au tems de Polycrate, tyran de Samos, qui la rendit tributaire.

Les Perfes la mirent enfuite fous le joug ; mais la bataille de Mycale la rendit à la Grèce. La marine de cette ville, revivifiée par le génie de la liberté, devint bientôt fi puiffante, qu'elle put équiper feule une flotte de foixante & dix voiles, pour venger le Péloponèse de la tyrannie de ses déprédateurs.

La principale Puissance, dont Mitylène, libre, rechercha l'alliance, fut celle d'Athènes; mais il lui en coûta cher, pour avoir trahi sa cause, dans le cours de la guerre du Péloponèse; cette grande ville fut assiégée, obligée de se rendre à discrétion, &, sur un décret du farouche Cléon, tous ses citoyens furent condamnés au supplice. Nous avons rapporté ailleurs tous les détails de cette proscription abominable (a), qui, cependant, ne s'exécuta pas, parce que la douce humanité, que les fureurs réunies, de la guerre & du despotisme, cherchent, en vain, à anéantir, reprit tous ses droits dans le cœur des concitoyens de Miltiade & de Thémistocle.

Mitylène, depuis cette époque, s'amollit, avec le reste de la Grèce, par une longue prospérité; aussi Memnon de

____

(a) Tome VI, pag. 152.

Rhodes la subjugua, & lui nomma des tyrans pour la gouverner. Alexandre, en vain, lui rendit son indépendance, elle n'en profita que pour faire subir des tortures cruelles, aux despotes que lui avait donnés Memnon ; pour sa politique, elle ne fit pas un pas vers sa perfection ; sa marine tomba, &, dans les guerres de Mithridate, n'ayant pas eu le bon esprit de conserver une sage neutralité, Pompée se présenta devant l'isle de Lesbos, & la fit passer sous la domination Romaine, avec sa capitale.

L'isle de Lesbos a été long-tems le sanctuaire des arts ; on y a vu naître des Musiciens célèbres, tels que Terpandre & Arion ; des Poëtes distingués, comme Alcée & Sappho ; l'Orateur Diophane, le Naturaliste Théophraste, & Pittacus, plus grand qu'eux tous, parce qu'il fut à-la-fois Souverain & Philosophe.

Cʜɪᴏ (*a*). — Cette isle, ainsi nommée

____

(*a*) *Strab.* lib. 13 & 14 ; *Herod.* lib. 1 & 6 ;

d'un mot Grec, qui fignifie neige, à caufe d'une chaîne de hautes montagnes, féjour éternel des frimats, comptait fa capitale au nombre des douze villes libres de la confédération Ionienne. Sa première population, vint des côtes de l'Afie mineure. La colonie qui s'y établit, enchantée de fa fertilité, bâtit une ville au milieu des vignes indigènes qui bordaient la pente de fes montagnes. Le côteau Arvifien, était, fur-tout, celui où la nature déployait le plus fa magnificence ; & ce côteau n'a jamais dégénéré ; le vin précieux qu'il produifait, échauffa la verve d'Homère ; Virgile, plufieurs fiècles après, le célébra fous le nom de nectar Arvifien, & aujourd'hui, c'eft encore le meilleur de ces vins liquoreux qu'on recueille dans l'Archipel.

Chio eut d'abord des Rois pour maîtres. Hippoclès, le feul dont le nom foit

---

Athen. Deipnofoph. lib. *6* ; *Thucyd.* lib. *8* ; *Diod. Sicul.* lib. 14 ; *Leo Allat.* de patriâ Homeri.

parvenu jusqu'à nous, viola une de ses sujettes ; & ce crime contre les mœurs, si sensible à un peuple qui commence, amena le renversement du trône, & le meurtre du tyran qui l'occupait. Dès-lors les Insulaires se gouvernèrent en forme de République.

Chio se laissa protéger par les Rois de Lydie, pour n'en être point envahie, & quand Cyrus vint conquérir l'Asie mineure, elle demanda à devenir une des provinces de son vaste Empire.

Lorsque, dans la suite, l'Ionie secoua le joug des Perses, Chio fut une des Puissances de la confédération, qui défendit, avec le plus de zèle, la cause de la liberté ; elle équipa seule une flotte de cent voiles, mais qui périt toute entière par la défection des alliés. Après la perte d'une bataille navale, où ces insulaires avaient fait des prodiges de valeur, obligés de se sauver sur les débris de leurs vaisseaux, à demi fracassés, ils abordèrent au continent de l'Asie, & vinrent, de nuit, aux pieds des remparts d'Ephèse ; mais les habitans, qui les prenaient pour des pirates, fondirent sur eux, & les égorgèrent tous.

Ce défaftre n'était que le prélude de ceux que la République naiffante avait à effuyer. Hiftiée, tyran de Milet, mettant à profit l'impuiffance où elle était de fe défendre, entra, avec des brigands, dans Chio, & la réduifit fous fon obéiffance.

La conquête des Perfes, remplaça la tyrannie d'Hiftiée. Le Satrape, chargé de cette expédition, furpaffa l'attente de fon defpote ; il détruifit les édifices publics de Chio, brûla fes temples, égorgea une partie des citoyens, & fit paffer les vierges avec les plus beaux de leurs frères mutilés, dans le ferrail de Darius.

La bataille de Mycale, en ôtant l'Ionie aux Perfes, rendit Chio à elle-même ; elle fit alors alliance avec Athènes, la Puiffance dominante de la Grèce, & s'y maintint jufqu'à la vingtième année de la guerre du Péloponèfe. Depuis cette épo-

que , elle ne voulut être protégée par
aucune République , & après avoir com-
battu long-tems , mais avec des fuccès
variés , enfin le traité , qui fuivit la guerre
des Alliés , lui affura fon entière indépendance. Chio , heureufe , floriffante , mais
fans hiftoire , refta libre jufqu'à la deftruction de l'Empire des Perfes ; alors elle
paffa , avec un tiers du globe , fous le
joug d'Alexandre.

Rome parut en Orient pour le fubjuguer,
& Chio la fervit contre les Rois de Macédoine , ce qui lui valut le titre d'alliée
& d'amie , de la première des Républiques.

Malheureufement , les guerres de Mithridate , détruifirent à jamais fes idées
de prépondérance dans la Grèce. Un des
Amiraux de ce Monarque , s'empara , par
ftratagême , de la capitale de l'ifle , ruina
fes habitans , par la contribution de deux
mille talens qu'il en exigea , & , fous prétexte , encore , que cette fomme n'était
pas complette , il arracha de leur patrie

les familles les plus puissantes , & les envoya habiter les côtes sauvages du Pont-
Euxin.

Sylla , dans la suite , tenta de réparer
les maux dont le zèle de Chio pour les
Romains l'avaient rendue la victime. Les
exilés revinrent ; l'isle recouvra tous ses
anciens priviléges , & elle ne subit même
que fort tard , le joug des conquérans du
monde. L'époque où Chio , avec une
partie de l'Archipel , devint province Romaine , est le règne de Vespasien.

Chio est une des sept villes de la Grèce ,
qui se disputaient l'avantage d'avoir donné
naissance à Homère (*a*). On montre encore , non loin du rivage de la mer , & à
une lieue du rempart de l'ancienne Chio ,
une espèce de bassin de vingt pieds de
diamètre , taillé dans le roc , connu de
tems immémorial , sous le nom d'*École*

(*a*) Les six autres , suivant un distique Grec ,
qui nous a été conservé , sont Cumes , Smyrne ,
Colophon , Pulos , Argos & Athènes.

d'Homère. La tradition des Infulaires, veut que ce foit fur ce plateau, que le fublime aveugle raffemblait fes difciples, & leur déclamait les vers de fon Iliade.

Quoiqu'il en foit, Chio laiffa vivre, dans une indigence profonde, le plus beau génie de l'antiquité, parce qu'alors elle ne foupçonnait pas fa grande renommée; ce ne fut que plufieurs fiècles après, quand le nom de l'Auteur de l'Iliade devint fupérieur à celui des demi-Dieux que la crédulité Grecque avait fait naître, que Chio fongea à adopter le Poète immortel pour fon citoyen, montra aux voyageurs le monument où il déclamait fes vers, & confacra fon effigie par des médailles.

LA SAMOTHRACE. — Cette ifle, peu importante par elle-même & par fon hiftoire, ne mérite de figurer un moment parmi les grandes Puiffances de la Grèce, que par l'influence que, dans des fiècles barbares, elle fe donna fur la politique générale, avec le machiavélifme rafiné de fa religion.

La Samothrace tenait fon culte & fa population des Phéniciens ; & l'époque en remonte à une antiquité inacceſſible à la chronologie ; car cette iſle avait déja une hiſtoire, lors de fa fameuſe inondation, qui arriva, ſelon Platon, long-tems avant le déluge d'Ogygès (a).

L'inondation de la Samothrace, dont tous les détails nous ont été tranſmis par Diodore (b), fut cauſée par le débordement du Pont-Euxin, & par l'action de la Méditerranée, qui peſait ſur l'iſthme, de l'autre côté du détroit des Dardanelles.

La population de l'iſle, fut preſque anéantie par cet affreux débordement. Le petit nombre d'habitans qui échappa au naufrage de fa patrie, alla chercher un aſyle ſur le ſommet des montagnes ; là, ces infortunés, abandonnés à eux-mêmes,

---

(a) *In Timeo & in Critiâ.*

(b) Le texte même de cet Hiſtorien a été tranſcrit à la page 291 du tome 1 de cet Ouvrage.

errant fur des rocs décharnés, obligés de
difputer quelques vils alimens à des quadrupèdes que le befoin avait rendu féroces, oublièrent les arts, & devinrent
prefque fauvages. L'hiftoire rapporte,
qu'au bout de quelques générations, ces
Infulaires n'avaient plus rien de Grec, &
que, pour en faire des hommes, il fallut
les faire civilifer de nouveau, par un fils
de Jupiter.

Cependant, ces longs malheurs, joints
à la mémoire d'une antique population,
avait rendus les fauvages de la Samothrace, des êrres facrés pour les étrangers
qui y abordaient. Les veftiges terribles de
dévaftation qui couvraient la furface de
l'ifle, les noms des Dieux tutélaires de la
Phénicie, que les habitans prononçaient
avec refpect, fans les entendre, les ruines
des anciens édifices facrés, dont la magnificence contraftait avec les cabanes barbares qui leur fervaient d'enceinte; tout,
jufqu'au filence de la nature dans ces vaftes
déferts, imprimait une terreur augufte aux

voyageurs. Un Prêtre, qui avait le génie de l'ambition, observa cette disposition des esprits, & en profita, pour se créer un empire à l'abri des révolutions & des conquêtes.

On était déja persuadé, dans l'Archipel, qu'il avait fallu une protection particulière du ciel, pour échapper à l'inondation de la Samothrace. Le Prêtre, qui descendait de ces êtres privilégiés, déja regardé comme un demi Dieu par des voyageurs crédules, n'eut pas de peine à leur faire entendre qu'il tenait des génies tutélaires de la Samothrace, un talisman pour préserver de la foudre, des tempêtes & de tous les météores destructeurs. Ce talisman était la connaissance du culte antique des Cabires, & l'initiation à leurs mystères.

Il paraît assez difficile de définir les Cabires, puisque les anciens eux mêmes, varient étrangement, soit sur leurs attributs, soit sur leur étymologie. Varron, qui suppose qu'il faut entendre, par ce mot myſtérieux, le ciel & la terre (a), a peut-être réſolu le problème.

Au reſte, il était de l'intérêt du fondateur du culte des Cabires, de couvrir toutes ces origines religieuſes, d'un voile qui les rendit plus reſpectables; auſſi Diodore dit-il, qu'il était défendu de prononcer le nom des Cabires (b). On ſait que la vénération du peuple s'accroit toujours, en raiſon de ſon ignorance.

Comme il était très-important aux Navigateurs de l'Archipel, d'être à l'abri des tempêtes, dans des mers orageuſes qu'ils affrontaient ſur les plus frêles navires, on s'empreſſa, de toutes parts, à ſe faire initier dans les myſtères des Cabires. Les héros mêmes, peu-à-peu, ſuivirent le torrent; on compte, parmi ces derniers, l'Hercule Grec, Orphée, Jaſon, Aga-

___

(a) *De linguâ latinâ*, lib. 4.
(b) Lib. 5.

memnon & Philippe, père d'Alexandre ; comme ces héros furent presque toujours heureux, le machiavélisme sacerdotal ne manqua pas d'en faire honneur au talisman des Dieux de la Samothrace.

L'initiation aux mystères, se faisait avec des cérémonies capables d'en imposer aux esprits déja disposés à la terreur religieuse. L'Hyérophante plaçait le jeune homme sur un trône, l'entourait de bandelettes de pourpre, & le couronnait de lauriers ; ensuite les Prêtres exécutaient autour de lui des danses sacrées ; la scène changeait tout-à-coup, & une nuit habilement amenée par le décorateur, fixait les regards de l'initié sur des spectacles terribles, qui laissaient des traces profondes dans son imagination. La cérémonie se terminait par des anathêmes prononcés contre l'impie qui révélerait le secret de ces mystères.

Les Cabires firent, en peu de tems, la plus grande fortune dans la Grèce ; on érigea, à ces Dieux sans nom, des autels à Lemnos, à Rhodes, à Thèbes, à Pergame,

& dans la Macédoine ; l'Egypte même, qui avait la prétention orgueilleuſe de n'admettre que des Dieux indigènes, inſtitua un culte dans Memphis , aux Dieux étrangers de la Samothrace (*a*).

Pendant tout le tems que dura ce délire religieux, la Samothrace fut regardée comme une terre ſacrée, par les Puiſſances de l'Aſie mineure , de l'Archipel & du Péloponèſe. Et l'Hyérophante , qui préſidait le collége de ſes Prêtres, Roi ſans couronne , exerçait un empire d'autant plus étendu, que perſonne n'oſait en fixer les limites. Le preſtige ne ſe diſſipa que lorſque l'aurore de la raiſon vint éclairer l'Europe , au commencement du ſiècle d'Alexandre.

DÉLOS (*b*). —— Cet écueil (car à peine peut-on donner le nom d'iſle à une bande

(*a*) *Pauſan.* in Beot.

(*b*) *Plin.* Hiſtor. Natur. lib. 4 , cap. 12. *Strab.* Geograph. lib. 10; *Herod.* lib. 4 & 6; *Thucyd.* lib. 3 & 4.

de terre, qui n'a que huit mille de circonférence) cet écueil, dis-je, tire son
nom, ainsi que nous l'avons dit ailleurs,
d'un mot Grec qui signifie se manifester,
parce qu'il parut tout d'un coup sur la
surface des eaux, soit par l'effet subit d'un
tremblement de terre, soit par la retraite
lente & progressive de la mer ; les Poètes
anciens, qui expliquaient toujours la physique avec des fables religieuses, préten-
daient que Jupiter avait fait naître Délos,
pour servir d'asyle à Latone, qui ne savait
où accoucher de Diane & d'Apollon.

La manifestation de l'écueil de Délos,
se fit, suivant le crédule Solin (*a*), immédiatement après le déluge d'Ogygès ;
il y aurait alors, à un an près, trente-
cinq siècles & demi, que Latone aurait
fait ses couches, pour donner, à la fois,
un Dieu à l'Olympe, & une isle au monde.

» Cette isle, dit Pindare, que je transf-

(*a*) Cap. 17.

» cris d'après Strabon , flottait d'abord
» vaguement fur la furface des mers ; les
» vents fe jouaient d'elle , comme d'une
» barque fragile ; mais à peine l'amante
» de Jupiter fe fentit-elle preffée de faintes
» douleurs , que quatre colonnes , à bafe
» de diamant , fe dreffèrent du fein des
» flots , pour affermir l'ifle flottante , &
» Latone fit naître , fans danger , un en-
» fant qui ne devait jamais mourir «.

Le fils de Latone , grace à ce conte
facerdotal , devint un des plus puiffans
Dieux de la Grèce , & par contre-coup ,
donna l'exiftence politique la plus brillante , au petit rocher de Délos qui l'avait
vu naître. Eréfichton , fils de Cécrops ,
premier Roi d'Athènes , lui bâtit un temple , que les Puiffances de la Grèce fe
plurent , dans la fuite , à décorer. Ce qu'on
y admirait le plus (dans ce fiècle barbare ,
où tout femblait , pour l'ignorance , un
fujet d'admiration) , était un autel , conftruit de cornes de quadrupèdes , unies
enfemble , fans fil & fans ciment. Plutar-

que , entraîné par la tradition Grecque , eft tenté de mettre ce monument au rang des merveilles du monde ( ).

Ce temple antique d'Eréfichton , fait époque dans l'hiftoire des arts , parce que c'eft le premier où l'on imita la lyre d'A- pollon , dans l'ornement d'architecture , qui prit , dans la fuite , le nom de tri- glyphe. La ftatue du Dieu , pofée fur l'autel de cornes , était coloffale , mais un palmier d'airain , offrande de l'Athénien Nicias , tomba fur elle , & la renverfa. Apollon ne rendait que pendant fix mois de l'année , fes oracles dans Délos ; il était cenfé paffer l'autre femeftre dans fon temple de Patare , en Lycie.

Délos , à mefure que le temple d'A- pollon s'enrichit par les offrandes des Rois , devint le centre de la religion Grecque. On ne la regarda plus que comme une ifle facrée , dont il ne fallait

---

(a) *De folertiâ animalium.*

approcher, qu'avec une terreur refpec-
tueufe; il fut défendu d'y brûler les morts:
la chaffe même y fut interdite; ainfi, les
animaux, comme les hommes, y trouvèrent un afyle.

Délos, d'après l'idée que nous venons
d'en donner, ne pouvait être gouvernée
que par des Prêtres-Rois; auffi, l'hiftoire
rapporte qu'elle avait, dès le tems de la
guerre de Troye un defpote qui réunif-
fait, dans fes mains, le pouvoir du fceptre
& celui du Sacerdoce (a).

L'hiftoire des Prêtres couronnés eft
ftérile en évènemens, à moins qu'ils ne
faffent couler le fang des Iphigénie.
Comme les defpotes facrés de Délos
n'eurent pas befoin, pour cimenter leur
pouvoir, du poignard du fanatifme, on
ne dit rien d'eux ni de leurs peuples,

(a) Il s'appellait Anius, fuivant Virgile,
Eneïd. lib. 3.

Rex Anius, Rex idem hominum Phœbi que
Sacerdos.

jufqu'à l'expédition de Darius en Grèce.
A cette époque, Datis, l'Amiral des
Perfes, qui jufqu'alors avait fait la guerre,
non en héros, mais en brigand, fe préfenta, avec une flotte formidable, aux
environs de l'ifle confacrée à Apollon.
Les Déliens, qui ne favaient pas combattre, mais prier, abandonnèrent, à leur
Dieu tutélaire, le foin de défendre fon
temple, & fe fauvèrent à une autre extrémité de l'Archipel. Mais Datis, qui, né
fuperftitieux, craignait jufqu'aux Dieux
ennemis qu'il avait à combattre, envoya
dire, aux Déliens fugitifs, qu'il les regardait comme des êtres facrés, à qui il
n'était pas permis de nuire, & qu'ils pouvaient revenir en sûreté dans leur patrie;
enfuite, il fit porter de l'encens, du poids
de trois cents talens, à Délos, pour être
brûlé en l'honneur du Dieu qu'on y adorait, &, fans attendre le retour des habitans, il fit voile, avec fa flotte, du côté
d'Erétrie.

L'ifle trembla, après le départ de Datis,

& les Prêtres en conclurent que la Grèce était menacée de quelques grands défaſtres, préſage que, dans la ſuite, l'invaſion de Xerxès ſembla juſtifier ; mais la politique ſuffiſait pour preſſentir ces déſaſtres, ſans qu'on eût beſoin de faire trembler l'iſle de Délos.

Athènes, au ſiècle de Piſiſtrate, ſoupçonna que les Déliens n'étaient pas aſſez purs, pour préſider au culte vénérable d'Apollon, &, d'après ce ſoupçon, qu'aucun fait ne ſemblait confirmer, elle les chaſſa de leur patrie, & les força de chercher un aſyle dans Adramyte, au continent de l'Aſie mineure. Mais cette République ſuperbe ayant eſſuyé, peu de tems après, de grands déſaſtres dans ſes guerres avec Lacédémone, elle crut que le Ciel puniſſait ſon ſacrilége, & elle rendit Délos à ſes anciens poſſeſſeurs, expiation qui n'empêcha pas Athènes de recevoir des loix de Lyſandre, & de perdre, par-là, l'empire du Péloponèſe.

Le reſpect de l'Europe, pour l'iſle

d'Apollon, ne fut pas toujours un frein
pour les brigands, qui voulaient piller
fes riches offrandes. Au tems des guerres
de Mithridate, un Pirate, nommé Athé-
nodore, dans une defcente qu'il fit à
Délos, enleva les tréfors du temple, fac-
cagea la ville, & vendit les habitans en
qualité d'efclaves (*a*) . Ce défaftre arriva
l'an 1514 de l'Ere de Paros, qui répond
à la première année de la cent foixante
& dix huitième Olympiade.

Délos, au tems de fa fplendeur (*b*),
était une des villes les plus magnifiques
de la Grèce; prefque tous fes édifices
étaient de marbre ou de granit. On y avait
conftruit, à grands frais, un théâtre, un
gymnafe, & un vafte baffin, pour des
Naumachies.

Aujourd'hui, toutes les ruines de ces
monumens, entaffées fans ordre, préfen-

(*a*) *Cicer.* Orat. pro Manil.
(*b*) *Callimach.* Hymn. in Del. verf. 266.

RUINES DE DELOS.

tent l'image du cahos; les amateurs de l'antiquité peuvent en juger par une vue assez pittoresque, qui n'a point échappé aux crayons de nos Dessinateurs.

Quant au temple d'Apollon, à peine peut-on distinguer son enceinte; cependant, de toutes les branches de l'antique superstition, celle du culte du Dieu de Délos, était la seule, peut-être, qui méritât de survivre à l'Histoire des hommes qui l'avaient fait naître. Rien de plus pacifique que le ministère d'Apollon. Le fanatisme s'y amalgamait si peu, qu'il était défendu d'immoler des animaux sur son autel : un vaisseau Athénien portait, tous les ans, dans le temple de Délos, les offrandes de la République, &, du moment de son départ, jusqu'à son retour, l'exécution de tous les arrêts de mort était suspendue. C'est à cet antique usage, que le genre humain a dû d'avoir gémi trente jours plus tard du supplice de Socrate.

PAROS (a). — Cette isle, qui passait dans l'antiquité pour la plus puissante des Cyclades, fut peuplée originairement par les Phéniciens ; les habitans de la Carie, & les Crétois, s'y établirent ensuite à diverses époques ; mais l'histoire garde le silence le plus profond sur les détails de ces révolutions primitives. Diodore, qui s'amuse à conter comment Hercule séjourna dans Paros, quand il alla chercher la ceinture de l'Amazone Hippolyte, ne dit pas un mot des loix que cette isle reçut de sa métropole, des mœurs qu'y apportèrent ses conquérans, ni des Rois qui la gouvernèrent.

Paros fut comprise, avec la plus grande partie de l'Archipel, dans les conquêtes de Cambyse & de Cyrus, & elle resta fidèle à ses nouveaux maîtres. La fameuse

______

(a) *Thucyd.* lib. 1 ; *Diod. Sicul.* lib. 5 & 16 ; *Herod.* lib. 6 ; *Plin.* lib. 3, cap. 5, lib. 4, cap. 12, & lib. 36, cap. 5 ; *Cornel. Nep.* in Miltiade.

expédition de Darius contre la Grèce, ne réveilla en elle aucun sentiment de patriotisme, & les Républicains virent, avec douleur, ses drapeaux flottans avec ceux des Perses, dans la bataille de Marathon. Miltiade vainquit dans cette journée mémorable, & fut envoyé, à la tête de sept cents voiles, pour punir Paros d'avoir trahi la cause commune ; mais cet armement ne fut fatal qu'à Miltiade.

Paros, sommée de reconnaître les loix d'Athènes, répondit avec fierté, qu'elle ne voulait point de maîtres, & que, quant à ses protecteurs, elle prétendait avoir la liberté du choix. Alors Miltiade descendit dans l'isle, & fit le siége de sa capitale ; pendant que ses machines de guerre battaient la place, une Prêtresse du pays vint trouver ce grand homme, & lui persuada, pour se rendre maître de Paros, de faire quelques cérémonies secrettes dans un temple de Cérès, situé non loin des remparts. Miltiade suivit le conseil superstitieux ; mais ayant voulu franchir l'enceinte de l'édifice facré, il fe caffa la jambe, & on le ramena baigné dans fon fang; la nuit même, pendant qu'on panfait fa bleffure, le feu prit, par hafard, à une forêt, placée fur le continent, en face de l'ifle; l'Amiral s'imagina que c'était un fignal donné par la flotte de Darius, & croyant qu'une tête affaiblie par la douleur, ne pouvait avoir le génie du commandement, il brûla fes machines de guerre, leva le fiége, & fit voile vers l'Attique.

Cette retraite, comme nous l'avons vu ailleurs, fut funefte au héros de Marathon. Des hommes, jaloux de fa gloire, l'accuférent de s'être laiffé corrompre par l'or des Perfes, pour lever le fiége de Paros, &, quelqu'abfurde que fût une pareille calomnie, comme elle avait été préparée de loin par de vagues foupçons de tyrannie jettés parmi les efprits, le peuple, qui ne croyait pas ce grand homme coupable, mais qui le craignait, le puniffant de fes propres terreurs, le fit jetter dans une prison ignominieuse , où il mourut de sa bleſſure.

Les Pariens , de leur côté , inſtruits de la correſpondance criminelle de leur Prêtreſſe avec Miltiade , lui firent ſon procès ; mais avant de porter la ſentence , ils envoyèrent demander à l'Oracle de Delphes , ſi toute perſonne qui révèle à un ennemi de l'Etat , le ſecret de ſa patrie , & les myſtères ſacrés dont elle eſt dépoſitaire , n'eſt pas digne de mort. La queſtion n'en était pas une au tribunal de la politique ; elle le devint au tribunal de la religion. La cauſe fut donc examinée de nouveau , mais , quoiqu'entre les mains des Miniſtres des autels , elle ne fut point peſée au poids du ſanctuaire. Une Prêtreſſe d'Apollon ne pouvait trouver coupable une Prêtreſſe de Cérès ; auſſi la Parienne fut ſauvée. La Pythie déclara qu'elle n'avait été que l'inſtrument aveugle du courroux des Dieux , qui avaient juré la mort de Miltiade.

Thémiſtocle , après la bataille de Salamine, mit Paros fous le joug d'Athènes, & vengea ainfi le fupplice de Miltiade.

Cette ifle paffa, par une révolution, dont nous ne connaiffons pas les détails, aux Ptolémées, & rentra enfuite fous la domination des Athéniens, jufqu'aux guerres de Mithridate, où, après avoir été quelque tems province du Royaume de Pont, elle devint province Romaine.

Paros fut la patrie d'Archiloque, Poète dont les fatyres forçaient les hommes faibles, qui en étaient l'objet, à fe pendre. Archiloque était contemporain de Gygès, Roi de Lydie : s'il avait vécu au fiècle philofophique d'Alexandre, lui feul, fe ferait pendu, en voyant le mépris où le conduifait la rage impuiffante de fes fatyres.

Paros a été célèbre dans l'antiquité, par fes carrières, qui fourniffaient le plus beau marbre connu. L'Egypte en envoya acheter pour décorer le frontifpice de fon labyrinthe ; & il a fervi aux premiers Sculpteurs de la Grèce, pour exécuter les chef-d'œuvres de leur art ; la Vénus de Médicis, l'Hercule Farnèse, l'Apollon du Belvédère & le grouppe de Laocoon.

Il est probable que la veine la plus riche de cette carrière, est aujourd'hui épuisée : car les Naturalistes, qui ont mis le marbre de Paros, en regard, avec celui de Carrare, se réunissent tous, à croire le dernier très supérieur. Le marbre grec est à gros grains cristallins, qui produisent de faux jours, & qui sautent par petits éclats ; au lieu que celui d'Italie, dont le grain est plus fin & plus uni, obéit au ciseau ; c'est du marbre de Carrare, que sont faits les beaux monumens des siècles de Léon X, & de Louis XIV.

Les voyageurs philosophes, qui ont été de nos jours à Paros (a), ont admiré

––––––––––––––––––

(a) *Voyage du Levant,* de Tournefort, tome 1, lettre 5.

dans ſes carrières, un fameux bas-relief, d'une compoſition peu heureuſe, mais plein de goût dans les détails, qui repréſente une bachanale, ou une noce de village. Le tableau repréſente 29 figures, dont les principales ſont ſix Nymphes de 17 pouces de hauteur, qui exécutent une danſe animée. A gauche, on en voit une ſeptième aſſiſe, qui ſe fait preſſer, pour ſe mêler à des jeux, qu'elle brûle de partager. Non loin de ce grouppe, paraît une tête de Satyre, qui rit à gorge déployée ; le bas-relief eſt couronné par un Bacchus aſſis, ayant des oreilles d'âne & le viſage enluminé d'un yvrogne, qui ſemble préſider à un cercle compoſé de figures comiques, dans toutes ſortes d'attitudes. On regrette que les têtes de ce bas - relief, ne ſoient pas finies. Il paraît que c'eſt le caprice d'un Sculpteur ancien, qui s'amuſait avec ſon ciſeau, pendant qu'on chargeait le marbre deſtiné pour ſon attelier. L'Inſcription porte : *Adamas Odryſès a érigé ce monument, aux Nymphes de Paros.*

Le plus beau monument de Paros, aux yeux des siècles, eft fa fameufe chronique, qui renferme la chronologie grecque, depuis l'avènement de Cécrops, au royaume d'Athènes, jufqu'à l'Archontat de Diognète ; monument, dont tous les Savans diftingués, ont fait la bafe de l'Hiftoire, & qu'on ne cherchera à infirmer, que quand, au mépris de la logique naturelle & des faits, on bâtira des mondes primitifs fur les nuages de l'étymologie (*a*).

L'Eubée (*b*).—Au-devant de la Béotie

(*a*) Voyez le difcours préliminaire plein d'erreurs & de paralogifmes, qu'on voit à la tête d'un gros volume in-4°., *fur les Origines Grecques*, publié à Paris en 1782. Nous reviendrons à ce fujet important, au chapitre de la Chronologie, qui terminera cet Ouvrage.

(*b*) *Strab.* lib. 10 ; *Thucyd.* lib. 1 & 3 ; *Plin.* lib. 4, cap. 12 & 36, cap. 6 ; *Polyb.* lib. 17 ; *Herod.* lib. 1 ; *Dionyf. Halicarn.* lib. 1.

& de l'Attique, eſt une bande de terre immenſe, qui ſemble ſéparée, depuis peu de ſiècles, du Péloponèſe. On l'appelle l'iſle d'Eubée ; le détroit de l'Euripe, qui l'empêche de tenir au continent, eſt ſi étroit, qu'on y a jetté un pont. L'iſle, qui renferme, ſuivant Pline & Strabon, douze cent ſtades, dans ſa longueur, n'en a, dans ſa plus grande largeur, que cent cinquante.

On a fait habiter l'Eubée, dans l'âge des fables, par les Titans ; ce que les Ovides prouvaient, à leur manière, par le culte du géant Briarée, établi de tems immémorial, dans ſon enceinte. Mais Strabon, qui n'eſt pas Poète, fait honneur de ſa population primitive, aux navigateurs Phéniciens & Arabes.

Chalcis & Erétrie étaient les deux Métropoles de l'Eubée. La première, bâtie ſur l'Euripe, & communiquant par ſon pont, au Péloponèſe, faiſait remonter ſon origine avant la guerre de Troye : on croit que cette ville, ainſi qu'Erétrie,

fa rivale en magnificence, devait fa
fondation, à des héros d'Athènes.

Chalcis profita de bonne heure de fon
heureufe pofition, pour commander, par
fes flottes, aux mers qui baignent l'Archipel. Ses premières tentatives furent
marquées par des fuccès : car Strabon
affure, qu'elle couvrit de fes nombreufes
Colonies, les côtes de l'Italie, la Sicile,
la Thrace & la Macédoine.

On conte que Chalcis, au tems des
premiers exploits de fes navigateurs,
eut une guerre longue & cruelle avec
Erétrie, fa rivale. Une bataille enfin,
termina la querelle : les Erétriens, au
milieu de la mêlée, faifirent leurs ennemis, par les longs cheveux qu'ils portaient, & les defirent. On ajoute que
les citoyens de Chalcis, pour prévenir
déformais une pareille ignominie, fe
rasèrent, ne laiffant, par un principe de
fuperftition, qu'une feule boucle de cheveux, fur le derrière de leur tête. On
cite en preuve de cet évènement, un

vers d'Homère, qui fait allusion à la boucle de cheveux des Chalcidiens. Mais ce conte, dénué de toute vraisemblance, pourrait tout aussi bien avoir été imaginé par les commentateurs, d'après le vers de l'Iliade.

Les Eubéens eurent des Rois, dès qu'ils se civilisèrent. Un des moins obscurs, est Elphénor, qui conduisit quarante vaisseaux au siége de Troye ; il y fut tué par Agénor.

Il y a des Historiens qui prétendent qu'à la mort de ce Prince, le père de Palamède vint le remplacer. D'autres, veulent que l'Eubée profita de l'extinction de la Famille Royale, pour se gouverner, en forme de République.

Il paraît que cette République ne fut long-tems qu'une confédération de villes libres, dont aucune n'affectait le pouvoir suprême. C'était la Noblesse qui jouissait, dans cette isle, de tous les priviléges. Le Noble, dans l'acception Eubéenne, était l'homme riche, qui pouvait en-

tretenir un certain nombre de chevaux ;
voilà pourquoi on l'appellait l'*Hippobate*.
L'Eubée gémit long tems, sous la tyrannie des Hippobates.

Un factieux, nommé Diagoras, renversa l'aristocratie des Hippobates ; mais
ce fut pour lui substituer le pouvoir
absolu, qu'il transmit à Thémison, &
celui-ci, à un Plutarque, qu'il faut bien
se garder de confondre avec le Philosophe de Chéronée, qui s'est fait l'Historien des Grands Hommes.

Le Plutarque, tyran de l'Eubée, attira contre Erétrie, les armes de Phi
lippe, Roi de Macédoine, ce qui révolta
ses sujets, qui lui ôtèrent sa couronne.

Mais, long-tems avant l'avènement
de Plutarque & des autres tyrans de
l'Eubée, l'isle avait été saccagée tour à
tour par les Perses, par les Athéniens,
& par toutes les Puissances, qui avaient
eu l'empire des mers du Péloponèse.

Quand Darius déclara la guerre à la
Grèce, une des premières opérations de

fa flotte, fut le fiége d'Erétrie. Cette ville fe rendit ; & malgré fa capitulation, elle fut livrée au pillage, & fes habitans tranfportés dans la Perfe. Darius cherchait à venger l'incendie de Sardes, par les troupes d'Athènes & de Lacédémone.

Les victoires de Platée & de Marathon, rendirent l'Eubée à elle - même : mais Athènes qui la protégeait, voulut peu à peu l'afiervir. Elle fecoua le joug fous Périclès, & ce grand homme vint, l'épée à la main, la reduire fous fon obéiffance.

L'Eubée, vers la fin de la guerre du Péloponèfe, reçut des loix de Sparte, retourna enfuite fous le joug Athénien, & finit par être engloutie dans les conquêtes d'Alexandre.

Comme l'Eubée, dénuée de marine, & encore plus de ce patriotifme républicain, qui fupplée à tout, fe donnait au premier conquérant, qui fe préfentait devant fes ports, elle appartint

successivement à Antigone, au dernier
Philippe de Macédoine, à Antiochus, à
Mithridate & aux Romains ; toutes ces
révolutions, dénuées de grands évènemens, sont plus faites pour occuper une
place dans des fastes chronologiques,
que dans une histoire raisonnée du genre
humain.

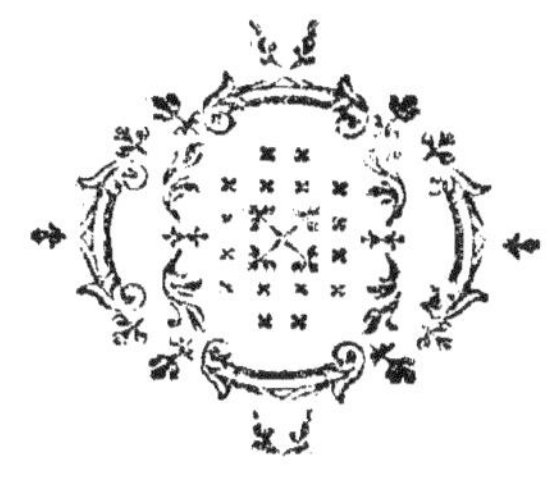

DES
COLONIES GRECQUES
DE
L'ITALIE,
CONNUES SOUS LE NOM
DE GRANDE GRÉCE.

L'ITALIE a dû, en grande partie, sa population, sa religion, ses mœurs & ses loix, à la Grèce. Voilà pourquoi l'extrémité méridionale de cette presqu'isle, en a si long-tems porté le nom. Quoique les révolutions des Colonies Grecques de l'Italie, tiennent plus aux annales de Rome, qu'à celles du Péloponèse, cependant nous ne pouvons nous

difpenfer d'en tracer un tableau rapide, pour ne rien laiffer à defirer dans
cette hiftoire de la Grèce, qui eft celle
des hommes par excellence.

Denys d'Halicarnaffe (*a*), attribuait
l'origine des colonies Grecques, en Italie, à deux peuplades différentes; à celle
des Aborigènes, & à celle des Pélafges.

Les Aborigènes, à l'en croire, fortaient d'Arcadie, & vinrent par mer,
fous la conduite d'Œnotrus, peupler le
Latium, plus de 530 ans, avant la prife
de Troye.

Les Pélafges, plufieurs générations
après, revivifièrent cette colonie dégé-
nérée. Les Pélafges, ce fameux peuple
dévaftateur, dont nous avons parlé au
commencement de cet ouvrage, fortaient,
à cette époque, de la Theffalie, dont ils
avaient été chaffés par Deucalion.

Ce n'eft pas ici le lieu de difcuter

____

(a) *Antiq. Rom.* lib. 1.

ce fameux texte de Denys d'Halicarnaſſe, que l'érudition des Fréret , & l'eſprit ſyſtématique des Gebelin , ſe ſont plû , de nos jours, à couvrir de nuages. Il ſuffit de ſçavoir , que les Grecs, héritiers des connaiſſances des Phéniciens , qui l'étaient eux-mêmes de celles des Atlantes , vinrent, pluſieurs ſiècles avant la guerre de Troye , répandre dans l'Italie , la ſemence des arts, dont la raiſon de l'Europe moderne s'honore; ſemence heureuſe , qui , après avoir germé deux fois dans Rome , ſous Auguſte & ſous Leon X , ſemble avoir atteint ſon dernier développement , au règne brillant de Louis Quatorze.

La grande Grèce comprenait l'Apulie, dont le nom dégénéré , ſe conſerve dans le mot barbare de Pouille , l'Œnotrie & la Campanie maritime : on y voyait pluſieurs villes conſidérables. Voici quelques détails hiſtoriques , ſur celles dont l'Hiſtoire ancienne s'eſt le plus occupée.

Pestum ou Posidonie , qu'on croit

RUINES D'UN TEMPLE DE PESTUM.

RUINES

une Colonie Dorienne , n'eut jamais d'exiftence brillante , fi ce n'eft peut être dans l'hiftoire des arts : il eft certain qu'il y a peu de villes anciennes , dont les ruines fe foient mieux confervées. On y voit encore trois Temples , les débris de quelques édifices publics , & la plus grande partie des remparts ; ces ruines, annoncent le goût des Architectes , quoique les monumens ne foient pas du beau fiècle d'Alexandre.

Sybaris , non moins célèbre par la molleffe de fes habitans , que Peftum , par la magnificence de fes édifices, mérite, fuivant nous, un chapitre particulier dans cette Hiftoire.

Siponte fut , dit on , bâtie par Diomède , un des héros de la guerre de Troye. Cette ville , un fiècle après , dominait fur toute l'Apulie , & aujourd'hui , les Savans difputent fur l'emplacement de fes ruines.

Canouse , après la bataille de Cannes , devint un afyle pour les foldats Romains, échappés à l'épée d'Annibal. Venouse ne mérite d'être citée, que pour avoir donné naissance à Horace.

Brindes fut fondée par les insulaires de Crète après la mort de Minos. C'est dans ses remparts, que mourut le brillant Auteur de l'Énéide.

Tarente doit son origine, suivant une tradition, aux Crétois, & suivant un autre, aux Héraclides. Pythagore y fit un long séjour, qui ne fut inutile ni à sa gloire, ni aux progrès de l'esprit humain. Architas, un des disciples de ce Philosophe, fut nommé à la première Magistrature de cette ville, & ne contribua pas peu à empêcher Denys le jeune, tyran de la Sicile, d'achever de se déshonorer par le supplice de Platon. Annibal priva Tarente de sa liberté, long tems avant que Rome la mît au rang de ses Colonies.

Héraclèe devait son origine aux Tarentins. Cicéron fait un grand éloge de ses loix primitives, qui la rendaient heureufe , avant que Rome conquérante la forçât à recevoir les fiennes.

CROTONE, fondée par un Spartiate, fleuriffait déja par fon commerce, quand Pyrhus fongea à envahir l'Italie. Cette ville eft célèbre dans l'antiquité , par la force prodigieufe de Milon , un de fes Athlètes.

LOCRES devait fon nom & fa population aux Locriens du Péloponèfe. RHÈGE, dont l'hiftoire tient à celle de Sicile , fut, comme nous l'avons déja vû , rafée par Denys l'ancien , rétablie par Denys le jeune , & finit par devenir une colonie Romaine.

SALERNE , quoique de la plus haute antiquité , n'a d'hiftoire que dans notre moyen âge. STABIE périt avec POMPEYA & HERCULANUM, dans la fameufe éruption du Véfuve , dont Pline le Naturalifte fut la victime.

NAPLES, l'ancienne Parthenope, tirait, difent les Poètes, fon nom primitif, d'une Syrène , au chant perfide de laquelle

Ulyſſe eut le bonheur d'échapper. Les habitans de Cumes, détruiſirent cette ville, & enſuite la rebâtirent, non par humanité, mais en vertu d'un oracle. On y voit le tombeau de Virgile.

BAYES & POUZZOLES n'ont plus rien, depuis pluſieurs ſiècles, de leur magnificence ſous les premiers Céſars. CUMES, bâtie en partie par les peuples de l'Eubée, & en partie par ceux de l'Etolie, attira long - tems un grand concours de voyageurs dans ſes remparts, ſoit à cauſe de la ſalubrité de ſes eaux thermales, ſoit à cauſe de la renommée de ſa Sibylle.

La grande Grèce ſe terminait à CAIETE, où fut enterrée, ſuivant Virgile, la nourrice d'Enée, & à CIRCÉE, ſi fameuſe par le ſéjour de la Magicienne de ce nom, qui changeait, à ſon gré, les hommes en pourceaux, ſuivant les romans poétiques d'Homère, rajeunis par e roman en proſe, de l'immortel Fénélon.

En général, toutes les colonies que

les Grecs femèrent, le long des côtes
de l'Italie, ne pouvaient avoir qu'une
petite exiftence politique. N'ayant point
de marine, pour protéger leur commerce;
dédaignant d'utiles confédérations, pour
affurer leurs conquêtes, trop éloignées
de leur Métropole, pour en être défen-
dues en cas de défaftres, elles n'étaient
fortes, que de la faibleffe & du dédain
des grandes puiffances qui les environ-
naient. Tant que ces puiffances, occu-
pées à s'obferver entre elles, parurent
refpecter le repos de toutes les villes
ifolées & fans appui, elles fleurirent un
moment & devinrent le centre des arts,
& l'afyle des fages : mais, quand Syracufe, Carthage & Rome, dans les intervalles de leurs grandes diffenfions,
voulurent étendre fur elles, leurs bras
dominateurs, on les vit céder, prefque
fans réfiftance à leur deftinée. A peine
cette grande Grèce, fi orgueilleufe de
partager fon origne, avec les concitoyens de Lycurgue & les vainqueurs

de Marathon, sema-t-elle de quelques traits de patriotisme, sa longue décadence.

DES SYBARITES.

HISTOIRE DE LEUR MOLLESSE;

CONTE SUR LEUR PUISSANCE (a).

SYBARIS, fi célèbre chez les anciens, par fa molleſſe, & dont le nom égal à celui de la Ninive de Sardanapale, aurait été pour Sparte, la plus

(a) *Strab.* Geogr. lib. 6 & 14; *Diod. Sicul.* lib. 12; *Athen.* Deipnoſoph. lib. 12; *Suidas,* Lexic. voc. Sybaris; *Ælian*, Var. Hiſtor. lib. 9, cap. 24, & lib. 12, cap. 24; *Senec.*, de irâ.

cruelle des injures, Sybaris, dis-je, fut fondée par les Achéens, sur la côte du golphe de Tarente, & à deux cents stades de Crotone ; elle était située entre deux torrens, le Sybaris & le Crathis. Le premier, s'il en faut croire Pline le Naturaliste, avait la vertu de donner aux hommes qui en buvaient, un tempérament plus généreux, une taille plus élevée, & un teint plus martial. Pour le Crathis, ses eaux, dont la propriété était de relâcher les fibres, radoucissaient la peau, blanchissaient le teint, & semblaient destinées par la nature, pour être la boisson des femmes. Les fondateurs de la ville, en lui donnant le nom du Sybaris, annonçaient qu'ils voulaient perpétuer la race des Héros de la Grèce. Mais, au bout de quelques générations, le citoyen dégradé, alla puiser sur les rives du Crathis, la beauté, l'indolence & l'oubli de soi-même.

On nous a transmis un grand nombre de faits sur l'incroyable mollesse des

Sybarites ; & le tableau qui en réfulte, peut être piquant, fur-tout quand on le met en regard à côté de celui de Lacédémone.

La jeuneffe était élevée, dans Sybaris, comme fi la nature n'y avait organifé que le plus faible des deux fexes. Dès qu'un enfant fortait du berceau, on l'habillait de pourpre ; on décorait fes cheveux naiffans, de rubans tiffus d'or ; on ne l'expofait en plein air, que le vifage couvert d'un voile. Point de gymnaftique qui pût donner du reffort à fes organes. Il vieilliffait petit & faible, fans être forti de l'enfance.

Le Gouvernement avili , autorifait ces mœurs énervées ; il ne fouffrait dans l'enceinte des remparts, aucune profeffion, dont l'exercice bruyant, pût bleffer la délicateffe des nerfs. Il défendait même d'y élever des cocqs, parce que leur chant aigu , troublait le fommeil fugitif de ce peuple de femmes.

Les arts , en honneur dans Sybaris,

étaient ceux qu'on regarde comme des branches du luxe. Ainſi, les artiſans qui mettaient en œuvre, la teinture de la pourpre, ceux qui pêchaient des poiſſons monſtrueux, ou qui les expoſaient en vente, étaient non ſeulement conſidérés, mais encore exempts de toute impoſition publique : on les regardait comme le ſoutien de l'Etat, parce qu'ils étaient les inſtrumens néceſſaires du luxe effréné de quelques citoyens.

Les repas ſemblaient l'objet le plus important de la légiſlation. On décernait des couronnes d'or, à ceux qui donnaient les plus ſomptueux. Leurs noms étaient prononcés avec éloge dans les jeux publics & dans les aſſemblées de religion.

S'il ſe trouvait parmi ces Apicius Grecs, quelqu'homme d'imagination qui inventât un rafinement de bonne chère, on lui donnait, pendant une année entière, le privilége excluſif de ſon ſecret, & dans la grammaire des Sybarites, cela s'appellait encourager l'industrie.

Un Magistrat Sybarite, ne représentait qu'à table : c'est par le nombre des festins qu'il donnait, que la patrie jugeait de ses services : il y avait tel de ces festins d'apparat, où l'on invitait les femmes un an d'avance, afin qu'elles eussent le tems de se préparer à y paraître, avec tout l'éclat de leur parure.

On peut juger du nombre effroyant d'esclaves de luxe, que Sybaris renfermait dans son enceinte, par une anecdote, sur Smindyride, qu'on nous a conservée. Lorsque Clisthène, le tyran de Sicyone, annonça qu'il cherchait une épouse à sa fille Agariste, une des beautés de la Grèce, parmi la foule de prétendans, qui se présentèrent on distingua sur tout Smindyride; ce héros de Sybaris se rendit à la Cour de Clisthène, avec mille cuisiniers, mille pêcheurs, & mille oiseleurs : un pareil cortége suffisait pour avoir toutes les beautés de Sybaris, mais Smindyride ne put obtenir celle de Sicyone.

Sybaris, qui ne cite dans ses annales ni guerrier, ni homme d'Etat, ni philosophe, se glorifiait beaucoup d'avoir donné naissance à ce Smindyride. C'est lui qui passa une nuit sans dormir, parce que, parmi les feuilles de roses dont son lit était semé, il y en avait une sous lui qui s'était pliée en deux ; ce pli de la rose, qui tient un Sybarite éveillé, nous a valu un des dialogues les plus ingénieux de Fontenelle.

Les Sybarites furent, dit-on, les premiers qui menèrent aux bains publics des esclaves enchaînés, afin de les châtier à leur gré, s'ils épargnaient les parfums, ou s'ils ne donnaient pas à l'eau sa juste température. C'est au sortir de ces bains, qu'ils allaient s'enfoncer dans leurs lits jonchés de roses, jusqu'à ce qu'un Nain ou un Eunuque (leurs esclaves favoris) vinssent demander leurs ordres pour l'heure du repas.

Quoique tous ces détails, fur la mol-
lefle des Sybarites, foient tirés, avec l'exac-
titude la plus fcrupuleufe, d'Ecrivains di-
gnes de foi, cependant l'ordre de croyance
qu'ils exigent eft bien faible, en compa-
raifon des grands évènemens de l'hiftoire
Grecque, tels que la journée des Thermopyles, ou le fupplice de Socrate. La
fuite de l'hiftoire de ce peuple étrange,
prête encore plus au fcepticifme.

Strabon dit que Sybaris s'éleva à un
tel point de grandeur & d'opulence,
qu'elle commandait à quatre nations
voifines, & que fon Empire s'étendait fur
vingt-cinq villes ; alors, ajoute le fameux
Géographe, les remparts de cette Métropole de la grande Grèce, renfermaient
cinquante ftades dans leur enceinte, &
elle pouvait mettre fous les armes, trois
cents mille hommes.

La raifon du dix huitième fiècle, ne
voit pas trop comment Sybaris, fans légiflation, fans difcipline militaire & fans
marine, a pu fubjuguer quatre peuples de

l'Italie ; comment son empire s'étendait sur vingt-cinq villes , tandis qu'elle se mesurait , toujours sans succès , avec Crotone , située à deux cents stades de ses remparts ; comment , sur-tout , des citoyens efféminés , que le pli d'une rose empêchait de dormir , pouvaient marcher aux combats , au nombre de trois cents mille hommes.

Au tems de la plus grande puissance des Sybarites , Thélis , qui les gouvernait , leur persuada d'exiler cinq cents de leurs citoyens , dont l'opulence ambitieuse lui faisait ombrage , & de vendre leurs biens , pour en distribuer le produit au peuple ; cet acte de violence s'exécuta ; alors les bannis se réfugièrent dans Crotone , & tombant aux pieds des autels , ils implorèrent la vengeance des Dieux contre leurs oppresseurs. Thélis , qui craignait leur éloquence , se hâta d'envoyer des Ambassadeurs à Crotone , pour redemander les infortunés , auxquels elle venait de donner un asyle , ou pour lui déclarer la guerre en cas de refus. La multitude intimidée, penchait vers le conseil de la faiblesse, mais Pythagore parla avec tant de force en faveur des bannis, qu'il sauva un crime au peuple qu'ils avaient fait l'arbitre de leur destinée.

Suivant une tradition adoptée par Héraclide, les Sybarites, dans l'intervalle, ayant pénétré les desseins ambitieux de Thélis, secouèrent le joug de sa tyrannie, & massacrèrent, jusques dans les temples de leurs Dieux tutélaires, les satellites de ses fureurs. La révolution n'empêcha pas la guerre avec Crotone. Les assassins de Thélis, pour l'accélérer, égorgèrent trente Crotoniates, qui étaient venus, sous le titre d'Ambassadeurs, négocier le retour des exilés, jettèrent leurs cadavres mutilés dans les fossés de la ville, & les laissèrent dévorer par les vautours.

Diodore, qui croit, comme Strabon, aux trois cents mille soldats de Sybaris, suppose qu'ils marchèrent tous en bataille rangée, contre leurs ennemis. Crotone n'avait que cent mille hommes à leur opposer, & ils vainquirent, grace à l'athlète Milon, dont ils avaient fait leur Général. Ici le texte de l'Historien est si étrange, qu'il faut le transcrire (a).

» Milon marchait, à la tête de ses cent » mille Crotoniates, contre les trois cents » mille soldats de Sybaris. Ce héros, doué » d'une taille prodigieuse, & d'une valeur » égale à sa taille, se présenta dans la mê- » lée, orné des six couronnes qu'il avait » gagnées aux Jeux Olympiques, couvert, » comme Hercule, d'une peau de lion, » & agitant, ainsi que lui, une énorme » massue. Au premier choc, il renversa, » par la seule force de son corps, un ba- » taillon qu'on lui avait opposé, & com- » mença la déroute des Sybarites, qui se » termina par la prise de leur capitale «.

On croit, en lisant ce récit de la bataille entre Sybaris & Crotone, être au

____

(a) *Diod. Sicul.* lib. 12, cap. 6.

fiècle des Argonautes de Timée ou d'A-
pollonius. Cependant, l'hiftoire Grecque
a fixé, avec précifion, l'époque très-rap-
prochée de nous, où Milon, après deux
mois de fiége, prit Sybaris d'aflaut, la
brûla, & enfevelit les décombres de fes
édifices, fous les eaux de fes deux ri-
vières. Ce défaftre eft marqué fous l'an
1074 de l'Ere de Paros, qui répond à la
première année de la foixante-huitième
Olympiade.

LES SYBARITES,

SANS PATRIE, FONDENT

THURIUM.

LÉGISLATION DE CHARONDAS

ET DE ZALEUCUS (a).

Sybaris resta déserte pendant cinquante-huit ans ; au bout de cet intervalle, la postérité de ses habitans, réunie avec quelques Thessaliens, vint en revivifier les débris. Mais à peine avait elle joui cinq ans du fruit de ses travaux, que Crotone, jalouse de la prospérité naissante de cette Colonie, se présenta devant ses murs, & les renversa. Alors fut détruite,

___

(a) *Diod. Sicul.* lib. 12 ; *Stob.* Serm.

ſans retour, une ville que ſon luxe avait rendu, pendant tant de ſiècles, le ſcandale de l'Univers.

L'année de la deſtruction totale de Sybaris, ſes citoyens, chaſſés deux fois de leur patrie, implorèrent la bienveillance d'Athènes, la protectrice née de tous les peuples malheureux, & ils en reçurent une eſcadre de dix vaiſſeaux, montés d'hommes généreux, qui s'offraient à partager leur deſtinée. Lampon & Xénocrite, qui étaient à la tête de ces Athéniens, arrivés ſur la côte de l'Italie, cherchèrent, ſur la foi d'un Oracle, un lieu tranquille, où ils pourraient ſe fixer. Un interprète des Dieux les conduiſit, une baguette ſacrée à la main, non loin de l'emplacement de l'ancienne Sybaris, & ils y bâtirent la ville de Thurium.

Les diſſentions inteſtines de la nouvelle Colonie, l'empêchèrent, dès le commencement de ſa fondation, de proſpérer. Les anciens Sybarites dominaient dans Thurium, &, ſans égard pour les Athéniens, leurs bienfaiteurs, ils les exclurent de toutes les grandes charges du Gouvernement ; ceux-ci n'attendirent pas que l'oppreffion fût à fon comble ; ils prirent les armes contre leurs tyrans, & les égorgèrent.

Les Athéniens, devenus feuls maîtres de Thurium, firent venir du Péloponèfe, un grand nombre de familles, avec lefquelles ils partagèrent les maifons défertes de leur villes, s'appuyèrent de l'alliance de Crotone, &, après avoir établi, parmi eux, le gouvernement démocratique, chargèrent le Philofophe Charondas de leur donner une légiflation.

Charondas était l'homme de fon fiècle le plus verfé dans la fcience des mœurs, ce qui le fit juger, avec raifon, comme l'homme le plus propre à donner des loix à fa patrie. Voici quelques-unes de fes inftitutions, qui nous ont été tranf-mifes par la plume de Diodore.

Tout citoyen qui donnait une belle-mère à ſes enfans, perdait ſon droit de ſuffrage dans les aſſemblées nationales. Le Légiſlateur penſait que celui qui met tait le trouble dans ſa famille, ne pou vait devenir, par ſes conſeils, que le fléau de ſes concitoyens.

Le calomniateur était traîné dans les places publiques, portant ſur ſa tête une couronne d'un bois que les Anciens croyaient ſiniſtre, c'eſt-à-dire de tamarin. Cette eſpèce d'ignominie, à laquelle les préjugés anciens attachaient une grande force, fit tant d'impreſſion ſur les premiers coupables qui la ſubirent, qu'ils terminèrent leurs jours par le ſuicide.

Il y avait un règlement particulier, pour interdire aux citoyens tout commerce avec cette eſpèce de méchans, qui employent leur génie ou leur puiſſance à éluder la rigueur des loix ; cet iſolement terrible où on les réduiſait, commençait du moins leur ſupplice.

L'éducation de la jeuneſſe, baſe de toute économie ſociale, ne fut point négligée par Charondas. Ce Sage établit des Inftituteurs publics, chargés de donner à leurs élèves les principes des mœurs & ceux des connaiffances humaines. Par ce moyen, le fils de l'indigent, ainfi que celui du riche, acquit des droits au bonheur, en acquérant des lumières.

Parmi les loix civiles de Charondas, il y en a une fingulière fur les orphelins; le Sage de Thurium ordonne que ces infortunés feront élevés par les parens les plus proches du côté maternel, & il confie l'adminiftration de leurs b'ens à des tuteurs de la ligne paternelle. Cette diftinction paraît d'abord choquante, mais, après l'examen, elle annonce, dans celui qui l'a imaginée, une connaiffance profonde du cœur humain. Il eft clair que les parens de la mère, n'ayant rien à efpérer de la fucceffion de ces orphelins, n'auront aucun intérêt d'attenter à leur vie, & que les parens du père, qui font leurs héritiers naturels, n'habitant pas avec eux, n'en auront pas le pouvoir.

Charondas n'avait point l'ame de fang des Dracon & des Dioclès : il ne prodigua point la peine de mort, comme ces Légiſlateurs ignorans qui, ne fachant point émonder l'arbre politique, le coupent par le pied. Il y avait, dans les villes de la grande Grèce, des loix anciennes, qui condamnoient au ſupplice le citoyen qui refuſait de s'enrôler pour la défenſe de la patrie, ou le ſoldat qui quittait ſon rang un jour de bataille. Le Philoſophe de Thurium ſubſtitua, à ces peines capitales, l'ignominie d'être expoſé trois jours dans la place publique, en habits de femme ; inſtitution ſage qui rétabliſſait l'équilibre entre les délits & les peines, & laiſſait au coupable l'eſpérance de réparer ſa honte, ſans détruire le frein que toute bonne police ſociale doit laiſſer ſubſiſter contre la lâcheté.

Charondas, trop éclairé pour ne pas ſentir que toute légiſlation qui rend l'homme heureux, doit être immuable, mais auſſi trop modeſte pour croire que

la fienne ferait à jamais le bonheur de
fa patrie, permit à tout citoyen de pro-
pofer, dans une Affemblée nationale, la
réforme de fes loix ; mais à condition
qu'il fe préfenterait lui-même, dans la
place publique, la corde au col. Si fon
plan de réforme était jugé jufte, la Nation
devait le remercier de l'emploi qu'il faifait de fes lumières ; mais fi elle n'y ap-
percevait que les manœuvres rafinées
d'un factieux, les fatellites des Magiftrats
devaient étrangler, fur-le-champ, le
nouveau Légiflateur.

Les inftitutions de Charondas furent
modifiées trois fois, fur l'avis de citoyens
qui eurent le courage de fe préfenter, la
corde au col, devant le peuple fouverain
de Thurium.

Charondas avait eu la faibleffe d'adopter, de quelques nations Afiatiques, la
loi abfurde du Talion, &, fuivant fes
inftitutions, fi un citoyen crevait un œil
à un autre, l'exécuteur public lui en crevait un à fon tour. Or, un Thurien creva

un jour, à un borgne, l'œil unique qui
lui reſtait, & le rendit aveugle ; il était
évident, qu'à s'en tenir à la lettre de la
loi, la punition du coupable, que l'exécuteur ne privait que d'un œil, n'était
point proportionnée à l'offenſe de l'infortuné, qui ſe trouvait en avoir perdu
deux ; le peuple ſentit, par la ſeule ex-
poſition du fait, la néceſſité de la réforme ; mais au lieu d'abolir la loi du
Talion, il ſe contenta de ſtatuer que le
coupable, qui rendrait un borgne aveugle,
deviendrait aveugle à ſon tour.

La ſeconde modification regardait une
loi civile, qui permettait à une orpheline
de demander ſon plus proche parent en
mariage, mais qui laiſſait à ce parent la
liberté du refus, pourvu qu'il accordât à
l'orpheline, une dot modique de cinq
cents drachmes (un peu plus de 360 livres de notre monnaie). Le peuple, en
faveur d'une fille de grande naiſſance, à
qui cinq cents drachmes ne ſuffiſaient
pas, pour procurer un mari, caſſa la

claufe, & obligea le parent à époufer l'orpheline.

Le dernier changement fait au code de Charondas, concerne la liberté du divorce. Un vieillard refpeᶜtable avait été abandonné récemment par fa femme, qui, encore dans la fleur de fa jeunefle, était fur le point d'époufer fon jeune amant; un pareil défordre, s'il avait été autorifé, pouvait amener la décadence des mœurs publiques. A la prière du vieillard, il fut ftatué qu'une femme ne pourrait prendre un mari plus jeune que celui qu'elle aurait quitté, & le mari, lui-même, fut foumis, à l'égard de fa femme, à la même loi. Ce règlement, en mettant un frein à la licence des divorces, rendit plus vénérable aux peuples, la fainteté des mariages.

On attribue à Charondas, le même genre de mort qu'au farouche Dioclès, le Légiflateur de Syracufe. Ce Sage était allé à la campagne, armé d'une épée, pour fe défendre contre les brigands qui infeftaient les routes ; à fon retour dans Thurium, il vit le peuple ameuté, &, fans fonger à dépofer fes armes, il fe rendit dans la place publique, pour appaifer le tumulte. Un de fes ennemis (car le grand homme en a toujours) lui dit, avec aigreur, qu'il violait fa propre loi, en fe préfentant, avec une épée, dans une affemblée nationale. *Ma loi eft jufte,* répond Charondas, *& je la fcelle par ma mort ;* à l'inftant il fe lève, prend fon épée, la plonge dans fon fein, & tombe mort fur les degrés de fon tribunal.

Vers le tems ou Charondas étonnait, par la fageffe de fon code, les citoyens de Thurium, Zaleucus, un des difciples de Pythagore, rendait le même fervice aux habitans de Locres. Les Anciens nous ont confervé le préambule des loix de ce Philofophe ; c'eft un des plus beaux monumens de morale qui exifte ; il peut, par fa fimplicité fublime, foutenir le parallèle avec les plus célèbres des penfées

philofophiques de Congfutſée ou de Marc-
Aurèle (*a*).

» Tout citoyen doit être perſuadé de
» l'exiſtence de la Divinité. Il ſuffit d'ob-
» ſerver l'ordre & l'harmonie de l'univers,
» pour être convaincu que le haſard ne
» peut l'avoir formé.

» On doit maîtriſer ſon ame, la pu-
» rifier, en écarter tout le mal, perſuadé
» que Dieu ne peut être bien ſervi par
» les pervers, & qu'il ne reſſemble point
» aux miſérables mortels, qui ſe laiſſent
» toucher par de magnifiques cérémonies,
» & par de ſomptueuſes offrandes. La
» vertu ſeule, & la diſpoſition conſtante
» à faire le bien, peuvent lui plaire.
» Qu'on cherche donc à être juſte dans
» ſes principes & dans la pratique. C'eſt
» ainſi qu'on ſe rendra cher à la Divinité.

(*a*) Nous ſuivons la traduction qui en a été
faite par le plus beau génie de ce ſiècle. *Nouv.*
Mélang. tome I. pag. 126.

» Chacun doit craindre ce qui mène à
» l'ignominie, bien plus que ce qui con-
» duit à la pauvreté.

» Il faut regarder comme le meilleur
» citoyen, celui qui abandonne la fortune
» pour la justice ; mais ceux que leurs
» passions violentes entraînent vers le
» mal, hommes, femmes, citoyens,
» simples habitans, doivent être avertis
» de se souvenir des Dieux, & de pen-
» ser souvent aux jugemens sévères qu'ils
» exercent contre les coupables ; qu'ils
» aient devant les yeux l'heure fatale qui
» nous attend tous, heure où le souvenir
» des fautes amène les remords, & le
» vain regret de n'avoir pas soumis tou-
» tes ses actions à l'équité.

» Chacun doit se conduire, à tout
» moment, comme si ce moment était
» le dernier de sa vie ; mais si un mauvais
» génie le porte au crime, qu'il fuie
» aux pieds des autels, qu'il prie le Ciel
» d'écarter loin de lui ce génie malfai-
» sant, qu'il se jette, sur-tout, entre les

» bras des gens de bien, dont les conseils
» le rameneront à la vertu , en lui repré-
» sentant la bonté de Dieu & sa ven-
» geance «.

HISTOIRE

DE

CORYNTHE,

DEPUIS LES PRYTANES.

TYRANNIE DE CYPSÈLE.

IL faut regarder, quant à l'ordonnance, l'histoire de l'ancienne Grèce, comme un magnifique Poëme épique, dont les héros sont dans le Péloponèse, tandis que les annales des autres peuples en forment les épisodes. Les annales des Colonies de l'italie & des Puissances de l'Archipel, n'étaient pas assez fertiles en grands évènemens, pour que nous nous permissions de les présenter sous plusieurs tableaux ;

auſſi nous avons reſſerré , dans un ſeul cadre, chacune de ces épiſodes ; revenus maintenant au centre de notre ſujet , nous allons ramener ſur la ſcène les héros que nous avons quittés , ſûrs qu'on peut les deſſiner , avec ſuccès , ſous tous les points de vue , & qu'en coupant l'intérêt qu'ils produiſent , on ne le fait pas diſparaître.

Corynthe eſt une des villes qui jouent les premiers rôles dans le grand Poëme épique de l'Hiſtoire de la Grèce. Nous avons expoſé , dans un premier tableau , les détails connus ſur ſa Monarchie primitive (*a*). La conquête des Héraclides fit paſſer enſuite ſur ſon trône quelques Deſpotes qui l'opprimèrent, mais obſcurément (*b*) , juſqu'à ce que le peuple , las d'une tyrannie , qui s'exerçait à-la-fois ſur la nation & ſur les individus , ſecoua un

---

(*a*) *Hiſtoire de la Grèce* , tome 3 , pag. 198.
(*b*) Voy. tome 4 , pag. 85 & 132.

joug odieux, & fubftitua, au Gouvernement abfolu, une Ariftocratie, régie par
un Magiftrat annuel, fous le nom de
Prytane.

Les derniers rejettons de la dynaftie
royale des Bachiades, qui venait d'être
détrônée, réclamèrent contre une révolution qui les privait de ce qu'ils appel-
laient l'héritage de leurs ancêtres, &
comme ils eurent la modération d'expofer leurs droits fans tirer l'épée, les
Corynthiens, non moins généreux, les
choifirent pour les membres de leur Ariftocratie : ainfi, le fceptre fembla ne point
fortir de leurs mains. Les Bachiades
n'eurent plus le nom de Rois, mais ils
en confervèrent le pouvoir, en concen-
trant, dans leur famille nombreufe,
tous les honneurs du Gouvernement &
toutes fes magiftratures.

Le Gouvernement des Prytanes, qui
avait commencé l'an 837 de l'Ere de
Paros, dura quatre-vingts-dix ans, &
pendant cet intervalle, Corynthe, tran-

quille & heureuse, se couvrit d'édifices magnifiques, appella le commerce & les arts dans l'enceinte de ses murailles, & se créa une marine, avec laquelle elle devint une des Puissances prépondérantes du Péloponèse.

Les Bacchiades (a) avaient eu long-tems la politique de s'allier entr'eux, pour ne point donner à des étrangers un droit vague aux magistratures de Corynthe : mais Labda, une de leurs filles, née laide & boîteuse, n'ayant pu trouver d'époux dans sa famille, obtint la permission de donner sa main à un Lapithe, & l'enfant qui en naquit, renversa la République.

L'imagination d'Hérodote s'est beaucoup exercée sur la naissance de ce tyran de Corynthe. Le Lapithe, son père, s'il en faut croire ce Père de l'Histoire, voyant Labda stérile, demanda un enfant à l'O-

____

(a) *Herod.* lib. 5.

racle d'Apollon ; le Dieu l'exauça, &
promit qu'il naîtrait de lui un fils qui,
tombant comme un rocher fur le Gouver-
nement de fa patrie, l'écraferait. Les
Bachiades, qui avaient des efpions jufques dans les temples, apprirent la ré-
ponfe de l'Oracle, & tout entiers à leur
terreur fuperftitieufe, ils cherchèrent à
fauver Corynthe de l'éruption fatale du
rocher.

Le projet qui parut le plus fimple aux
Sénateurs Corynthiens, fut de faire périr
l'enfant du Lapithe, auffi tôt qu'il verrait
le jour : ils confervèrent donc leur fecret
pendant neuf mois, & au bout de ce
tems, fachant que Labda était accouchée,
ils envoyèrent dix d'entr'eux à la maifon
du Lapithe, pour immoler leur victime.

Labda, qui ne foupçonnait aucun
deffein finiftre, voyant arriver les chefs
de fa famille, leur remit elle-même fon
fils, pour que fon cœur maternel jouît
de leurs careffes. Ceux - ci étaient con-
venus que le premier d'entr'eux qui tien-

drait l'enfant, le laifferait tomber par terre, comme par hafard, mais de manière que la chûte fût affez violente pour lui donner la mort. Le hafard voulut que le jeune infortuné fourit au premier des conjurés qui, ne pouvant fe réfoudre à une pareille barbarie, le remit entre les mains d'un fecond, & celui-ci à un troifième jufqu'au dernier, qui, encouragé par l'humanité de fes complices, le rendit à fa mère.

A peine les dix Sénateurs étaient-ils dans le veftibule, qu'ils rougirent d'avoir fait céder la politique à la nature : ils fe reprochèrent mutuellement leur faibleffe, & rentrèrent, réfolus de prendre leur victime.

Heureufement Labda avait entendu le débat des conjurés, &, craignant tout du machiavélifme des Ariftocrates de Corynthe, elle cacha fon fils de manière, qu'il fut impoffible de le découvrir. Les affaffins, de retour, firent entendre au Sénat, que l'ennemi commun n'était plus, & on ne s'inquiéta plus de la chûte du rocher.

Pour l'enfant mystérieux, sa mère, par reconnaissance pour la mesure de grain (en grec *Cypselos*) qui avait servi à le dérober aux regards de ses meurtriers, lui en donna le nom, & elle l'éleva comme un être protégé par le Ciel, & appellé aux plus grandes choses.

Cypsèle, en âge de raison, à force d'entendre dire qu'il serait un jour Roi de Corynthe, songea à le devenir. Il commença par faire sa cour au peuple, par le flatter dans ses caprices, & le servir dans ses fureurs. Il se vit bientôt un parti puissant; alors, il travailla, avec activité, à opérer une révolution. Les plus grands ennemis du pouvoir absolu, étaient les Bachiades; il sçut les écarter, avec adresse (a), en leur persuadant, à la veille d'une guerre, d'aller interroger

(a) *Polyen*, lib. 5, cap. 31.

l'Oracle d'Apollon, fur la deftinée de Corynthe. L'élite du Sénat partit, à l'inftant, avec fon Prytane; mais à peine l'ambaffade religieufe était-elle hors des portes de la ville, qu'un décret, émané du peuple, lui en interdit le retour.

Les Corynthiens, en fervant Cypsèle, avaient cru ménager, pour le corps de la Nation, le pouvoir fouverain : ils furent trompés cruellement dans leur attente. Le factieux, qui les avait joués, subftitua fa propre tyrannie au defpotifme modéré des Ariftocrates.

Cypsèle commença fon règne comme les deux Denys de Syracufe; il fupprima les affemblées nationales, fit des tribunaux les organes de fes volontés, & étouffa les murmures naiffans, par le fang des Bachiades.

C'eft dans ces tems de profcription, que Démarate, le plus riche citoyen de Corynthe, voyant une infâme délation, empoifonner jufqu'à fa penfée, quitta fa patrie, & vint chez les Etruriens : on fait que ce Démarate eſt la tige de la famille célèbre des Tarquins, qui donna à Rome un Roi & un tyran.

Quand Cypſèle ſe vit affermi ſur ſon trône, n'ayant plus beſoin de la politique féroce qui l'y avait fait monter, il chercha à ramener, par ſa douceur, les cœurs qu'il s'était aliénés : il renvoya ſes gardes, fit grace à ſes ennemis, & donna, au peuple, quelque part dans le Gouvernement. De ce moment, Corynthe regretta moins ſes Prytanes ; on ne ſait point à quelle époque de ſon adminiſtration Cypſèle devint un bon Roi. Ce Prince mourut après un règne de trente ans, & laiſſa ſa couronne à Périandre ſon fils, un des ſept Sages de la Grèce.

TYRANNIE ABOMINABLE

DE

PÉRIANDRE,

UN DES SEPT SAGES

DE LA GRÈCE (a).

CYPSÈLE, pour former son fils dans l'art de régner, l'avait fait Souverain d'Ambracie : ainsi, c'est dans cette petite ville de l'Acarnanie que Périandre, appellé un jour à gouverner Corynthe, fit son apprentissage de tyrannie ; tant qu'il n'attenta qu'à la liberté de ses sujets, ils

(a) *Herod.* lib. 1, 3 & 5; *Diog. Laërt.* in Periandr. *Aristot.* Politic. lib. 5; *Maxim. Tyr.* Serm. 38 ; *Plutarch.* conviv. sept Sapient.

gémirent,

gémirent, en silence ; mais il osa attenter aux mœurs publiques, & ce fut le signal de leur révolte. Ce Prince aimait, depuis long-tems, un jeune citoyen d'Ambracie ; il lui fit violence, & , joignant la dérision à la scélératesse, il lui demanda, publiquement, s'il naîtrait un fruit de leurs amours ; ce trait abominable souleva toute la ville ; il se trama une conjuration où Périandre succomba, & perdit sa couronne.

Le crime qui ôta, à Périandre, le sceptre d'Ambracie, n'était pas le premier de ce genre qui eût souillé sa jeunesse : on savait que sa propre mère avait été éprise de sa beauté, & qu'il s'était prêté, sans répugnance, à l'inceste. Aussi la Grèce entière le regardait avec indignation ; car les peuples, qui l'habitaient, avaient des mœurs, & Diogène le Cynique ne s'était pas encore avisé de mettre la pudeur au rang des problêmes.

Périandre, appellé au trône de Corynthe, y porta l'ame du tyran d'Ambracie : il lui manquait la théorie du despotisme, & il la reçut de Thrasibule de Milet, un des hommes de son siècle le plus initié dans les mystères du machiavélisme. Voici, à cet égard, une lettre de ce dernier Prince, qui nous a été conservée, en original, par Diogène.

›› Tu me fais demander, Périandre,
›› des conseils sur l'art de régner : ces
›› conseils, s'ils passaient par l'organe
›› d'un tiers, feraient de nature à nous
›› compromettre tous deux. Je me suis
›› donc contenté de mener ton envoyé
›› dans un champ sur le point d'être
›› moissonné, & tandis qu'il me suivait,
›› j'abattais, en silence, les épis dont la
›› tête s'élevait au dessus des autres, lui
›› recommandant de te faire un récit
›› fidèle de ce qu'il voyait. Cet apo-
›› logue te regarde, Périandre ; si tu
›› veux conserver ton trône, fais périr
›› tout ce qui peut te faire ombrage.
›› Amis ou ennemis, n'importe, il n'y
›› a point d'amis pour qui veut régner «.

On sait que dans une occasion pareille, Tarquin donna à son fils la même leçon de tyrannie. Il est probable que la tradition s'en était conservée dans la famille du Corynthien Démarate , un des aïeux du Despote de Rome ; car les tiges de pavots coupés , sont évidemment la copie des épis de Thrasibule.

Périandre mit à profit les leçons terribles du tyran de Milet ; il se défit des Bachiades , que Cypsèle son père avait épargnés, il inonda de sang les avenues du trône , & du moment qu'il se vit la terreur des peuples, il se crut Roi.

Le Néron de Corynthe avait épousé Mélissa , fille de Proclès, Despote d'Epidaure. Cette Princesse avait une vertu austère , faite pour la rendre odieuse au tyran ; mais sa beauté touchante la protégeait sans cesse contre les attentats qui menaçaient sa vie. Des courtisannes , qui partageaient avec elle le cœur de Périandre, répandirent , avec adresse , des nuages sur fa fidélité , & un jour que l'infortunée refufait de defcendre à une juftification qui l'aviliffait, le monftre couronné la précipita , toute enceinte qu'elle était, du haut des degrés de fon palais , la foula à fes pieds , & lui ôta la vie.

A peine Méliffa rendait-elle les derniers foupirs, que Périandre , à la vue de fa victime , dont les ombres de la mort n'avaient pas encore tout-à-fait flétri les charmes, fentit des remords : il condamna les courtifannes , qui avaient ulcéré fon cœur, à périr dans les flammes , & cette barbarie n'éteignant point fon délire , il fit porter le cadavre de fon époufe fur le lit nuptial , & chercha à réalifer la fable de Pigmalion.

Méliffa avait donné deux fils au tyran de Corynthé ; Proclès, leur aïeul , tremblant pour leur vie, tant qu'ils refpireraient le même air que l'affaffin de leur mère , les fit venir à Epidaure. De ces deux enfans, l'aîné , qui portait le nom de Cypfèle, quoiqu'âgé de dix-huit ans , annonçait, par la faibleſſe de ſes organes, qu'il ne ſortirait jamais de l'enfance ; pour Lycophron, ſon cadet, il avait de l'élévation dans l'ame, & du génie. C'eſt à lui que Proclès dit, en le renvoyant à Corynthe : *Tu ſors de la maiſon où naquit ta mère, & tu vas dans celle de ſon aſſaſſin.* Le jeune Prince ſentit vivement cet adieu funeſte de ſon aïeul, & de retour dans ſa patrie, il ne répondit que par le ſilence d'une indignation concentrée, à toutes les careſſes de ſon père.

Ce père terrible commençe par bannir Lycophron de ſa préſence ; enſuite, apprenant le ſecret des adieux ſiniſtres de Proclès, ſa fureur s'accroît, & il ordonne au Corynthien, qui avait donné un aſyle à ſon fils, de le chaſſer. L'infortuné ſe préſente de maiſon en maiſon ; quelques citoyens ferment leurs portes à ſa vue ; d'autres, moins vils, accueillent un moment le fils de leur Roi ; mais bientôt, craignant les menaces de Périandre, ils l'abandonnent, en gémiſſant, à ſa deſtinée.

Le tems n'affaiblit point la rage du tyran de Corynthe. Occupé sans cesse du plaisir barbare de tourmenter , & s'acharnant, comme le vautour de Prométhée sur sa victime , il fit publier un édit , par lequel il condamnait à une amende très-forte tout citoyen qui serait convaincu d'avoir parlé au fils de Mélissa; un pareil édit n'est guères dans nos mœurs; mais tout devient vraisemblable , quand on connaît les caprices féroces du pouvoir absolu. Quoiqu'il en soit, le malheureux proscrit ne trouva pas, dans la ville où il devait régner , un seul cœur sensible où il pût épancher le sien ; par-tout où il passait, il voyait la foule se disperser ; les Prêtres même , à son approche, fuyaient dans l'intérieur des temples, & l'infortuné était obligé de passer la nuit sous les portiques d'anciens édifices abandonnés, dont les ruines menaçaient sa tête.

Il y avait déja trois jours que Lycophron , exténué de sommeil & de faim, errait dans cette ville immense , que sa

préfence changeait en folitude , quand
Périandre le rencontra. „ Homme in-
„ flexible, lui dit le tyran , vois ce que
„ tu es & ce que tu perds ; ceffes donc
„ de m'irriter par ton filence farouche ,
„ obéis à ton père & à ton Roi , reviens
„ dans mon palais , & tâche de mériter ,
„ à force de fervices , le trône auquel
„ mon indulgence te deftine ‹‹. — Ce
Prince, que l'oppreffion n'avait fervi qu'à
aigrir , ne répondit autre chofe à fon père ,
finon qu'il avait encouru l'amende, puif-
qu'il avait parlé à l'infortuné que lui-
même avait profcrit ; Périandre vit , par
ce mot, que fon fils était perdu pour
lui , & il l'exila à Corcyre.

Quelque tems après , fa rage man-
quant d'aliment, il accufa Proclès , fon
beau-père, d'avoir aliéné de lui le cœur
de Lycophron ; alors il marcha contre
lui à la tête d'une armée, s'empara d'Epidaure , où il régnait, opprima fon peuple ,
& le fit jetter lui-même dans le fond
d'une prifon.

Cependant Cypsèle, l'aîné des fils du tyran, entrait vainement dans l'âge de la maturité, & la faiblesse de ses organes trahissait celle de son intelligence. Périandre déjà vieux, & craignant que le sceptre n'échappât de ses mains défaillantes, fit céder le courroux à la politique, & écrivit à Lycophron, qu'il pouvait venir partager avec lui le trône de Corynthe. Le Prince ne répondit point à cette lettre. Périandre ne se rebuta point, & envoya sa fille à Corcyre, pour qu'elle négociât le retour de son frère. Lycophron resta inflexible; il assura sa sœur que jamais sa patrie ne le reverrait, tant qu'elle serait gouvernée par l'assassin de sa mère & la Princesse vint rapporter cette réponse à Périandre.

Cependant Corynthe commençait à s'agiter; comme le génie du tyran avait perdu de sa force, on dissimulait moins les murmures que faisait naître le despotisme de son gouvernement. Celui-ci craignit de terminer sa carrière dans une ville qui avait été si long-tems le théâtre

de ſes crimes, & réſolu de mourir à Corcyre, il fit dire à Lycophron, qu'il lui
abandonnait le trône de Corynthe. Déja
les deux Princes étaient en route, l'un
pour aller mourir dans ſon exil, & l'autre
pour aller régner, quand les Corcyréens,
qui tremblaient d'avoir Périandre parmi
eux, afin de le faire retourner à Corynthe,
aſſaſſinèrent Lycophron.

L'attentat de ces Inſulaires ne reſta pas
ſans vengeance ; Périandre, inſtruit qu'il
n'avait plus de fils, fait partir, pour Corcyre, les ſatellites de ſa tyrannie, qui ſe
ſaiſiſſent de trois cents enfans des meil-
leures familles de l'iſle, afin de les vendre
en Lydie au Roi Alyatte, qui avait promis
d'en faire des Eunuques. Heureuſement,
le vaiſſeau qui portait ces infortunés, fut
obligé de relâcher à Samos, & ils trouvèrent, dans le temple de Diane, un
aſyle que la ſuperſtition de leurs conduc-
teurs n'oſa violer. Périandre apprit le
peu de ſuccès de ſa vengeance, & cette
nouvelle lui donna une fièvre lente, que

tout l'art de la Médecine ne put guérir ;
ainsi le poison lent du chagrin, termina
des jours que la justice du Ciel & de la
Terre, avait dévoués à l'échaffaut.

Encore, s'il en fallait croire Diogène,
le tyran, quoique le chagrin seul eût été
son bourreau, ne mourut pas dans son
lit. Instruit de la haîne de ses peuples, &
se doutant que Corynthe libre, s'em-
presserait de troubler l'asyle où devait re-
poser sa cendre, ce monstre qui, malgré
son systême réfléchi de scélératesse, croyait
à l'immortalité, eut recours à un moyen
bien étrange, pour tromper la vengeance
publique : il instruisit deux de ses favoris,
d'une route détournée, par où devait
passer, pendant la nuit, un grand coupable ; il leur ordonna de l'assassiner, &
de couvrir, à l'instant, de terre son cadavre. Ensuite il gagna, à force d'argent,
quatre autres brigands, qui devaient, à
quelque distance de là, égorger les deux
assassins & les enterrer, pour être, eux-
mêmes, massacrés après, & ensevelis par

de nouveaux satellites de la tyrannie. Le complot ainsi arrangé, la nuit fixée pour son exécution, le grand coupable se présenta devant les deux premiers assassins ; ce grand coupable était Périandre lui-même, qui, traînant avec peine son corps usé par l'âge & par la double fièvre lente du chagrin & des remords, présenta sa gorge aux poignards, & fut inhumé dans l'endroit même où il rendit les derniers soupirs ; comme ses assassins furent, un instant après, assassinés à leur tour, la trace qui pouvait conduire à la découverte de son cadavre, disparut. Quoiqu'il en soit de cette anecdote, Périandre avait quatre-vingts ans quand il mourut, & il avait étendu, pendant quarante ans, son sceptre de fer sur les Corynthiens.

Nous avons vu, dans le cours de cette Histoire, que Périandre se joua, toute sa vie, des mœurs & des loix ; qu'il se glorifiait de son inceste & de sa prostitution à des Ganymèdes ; qu'il ne connut sa patrie que pour l'asservir, son fils que pour le proscrire, sa femme que pour l'assassiner, eh bien! ce monstre, souillé de crimes & couvert d'opprobre, il faut le dire, à la honte de son siècle & de ceux qui l'ont suivi, a été mis, presqu'unanimement, au rang des sept Sages de la Grèce ( ).

Nous verrons, dans la suite, la terre non moins criminelle, adopter aussi les mensonges adulateurs des Romains sur Auguste, &, trompée par quelques momens brillans d'une longue tyrannie, faire, de cet heureux scélérat, un grand homme.

Par quel prestige l'Histoire, qui ne

______

(a) Je sais que des Ecrivains anciens, ne pouvant concilier la vie de ce monstre avec sa renommée, ont tenté d'admettre deux Périandres, l'un tyran de Corynthe, & l'autre simple Philosophe. Mais cette opinion contredit si fort les faits & les dates, que je n'ai pas cru devoir seulement en parler, dans le texte de cette Histoire.

marche d'ordinaire que d'après les faits, dupe d'une vaine renommée, s'est elle ainsi laissé surprendre à mentir deux fois à l'espèce humaine, en faisant de Périandre un sage, & d'Auguste un grand homme ? C'est que ces tyrans, dans les momens de repos que leur laissait leur fureur épuisée, appellèrent les Arts autour de leurs trônes, & se firent un rempart, contre la haîne des siècles, avec les éloges qu'ils mendiaient dans les Poëmes Epiques, & dans les harangues.

Un des Artistes les plus célèbres que protégea Périandre, fut Arion. Ce Musicien, initié dans tous les mystères de l'harmonie, naquit à Méthymne, &, s'étant venu établir à Corynthe, le tyran, à qui son talent ne pouvait faire ombrage, le combla de bienfaits ; charmé d'étendre sa renommée, Arion voyagea, ensuite, en Sicile & en Italie, & par-tout accueilli, il amassa des richesses immenses, qui pouvaient l'égaler aux petits Souverains de la Grèce.

A son retour dans le Péloponèse, l'Artiste eut le malheur de confier sa personne & son or à des pirates, qui vivaient de leurs brigandages. A peine le vaisseau était-il en haute mer, que les matelots, conjurés contre lui, s'emparèrent de ses trésors, & se mirent en devoir de l'assassiner. L'infortuné, dans ce moment terrible, employa toute son éloquence pour sauver sa vie; mais les scélérats, quand ils sont sûrs de l'impunité, n'ont point d'entrailles. L'unique grace qu'obtint Arion, fut la liberté de se précipiter lui-même dans les flots. A cet effet, il monte sur la poupe; là, revêtu de ses habits les plus magnifiques, il prend sa lyre & chante sa mort; il se flattoit, sans doute, que la douceur de ses accens, attendriroit les matelots; mais tout fut inexorable : alors il se jetta dans la mer, & les brigands, croyant l'Artiste submergé, cinglèrent vers Corynthe.

Heureusement pour Arion, un vaisseau étranger faisoit voile dans les mêmes parages ; il lutta contre les vagues, jufqu'à ce qu'il fût à fa portée, & il y trouva, en effet, des hommes compâtiffans, qui s'empreffèrent à le recueillir. Comme ce navire avait un dauphin fculpté à fa proue, Arion profita de l'équivoque, pour dire que le poiffon de ce nom, enchanté des accens de fa lyre, l'avait porté fur fon dos jufqu'au rivage. L'imagination Grecque, avide de merveilles, fur-tout quand il s'agiffait de la gloire des Arts, adopta celle-ci avec empreffement ; & bien-tôt, il ne fut pas plus permis de douter du dauphin, fauveur d'Arion, que du taureau qui ravit Europe, ou de l'aigle divinifée, qui enleva Ganymède.

Périandre, non content de protéger les Arts agréables, les cultiva lui-même. On cite, de lui, des préceptes moraux, en deux mille vers, où fon cœur était, à chaque inftant, démenti par fa plume. Ces fentences, verfifiées, contribuèrent, fans doute, à mettre leur Auteur au rang des fept Sages.

Après la mort de Périandre, un Psammétique, fils de Gordius, & de la famille Royale de Cypsèle, régna obscurément dans Corynthe, pendant trois ans ; mais quand ce dernier Prince ne fut plus, les peuples, las d'obéir à des despotes, imbécilles ou cruels, rétablirent l'ancienne République ; ainsi la tyrannie des Cypsélides, ne dura que soixante & treize ans, & finit précisément à la dernière année du dixième siècle de l'Ere de Paros.

Corynthe, libre, aurait pu, par sa position heureuse, par la considération dont elle jouissait, & par le nombre de ses colonies, commander à toutes les mers du Péloponèse ; mais elle préféra une marine marchande à une marine guerrière, ce qui lui assura une prospérité constante, sans exciter l'envie des Puissances rivales. Grace à une politique si sage, cette ville riche & tranquille, mais privée de cette existence brillante, qui fait l'ame de l'histoire, se maintint indépendante pendant quatre cents trente-six ans, c'eſt-à-dire, juſqu'à ce que, devenue l'objet de la jalouſie de Rome, elle fut miſe en cendres par Mummius.

DE

THÈBES, RÉPUBLIQUE.

RÉVOLUTION QUI LA DÉROBE AU JOUG DE LACÉDÉMONE (a).

Thèbes, sans marine, sans colonies, sans considération personnelle, semblait bien moins faite que Corynthe, pour se rendre un jour, une des Puissances dominantes de la Grèce ; cependant elle le

------

(a) *Diod. Sicul.* lib. 15 ; *Xenoph.* Hellen. lib. 5 ; *Plutarch.* in Pelopid. ; *Cornel. Nepos*, in Epaminond. ; ces Écrivains nous serviront de guide pour toute l'histoire de Thèbes, République.

devint, grace à deux hommes fupérieurs, qui naquirent dans fes remparts ; car il appartient aux hommes fupérieurs, de faire la deftinée de leur patrie, fur-tout dans les Républiques, où le génie eft toujours à fa place.

Thèbes, République, n'a point, juſqu'ici fixé nos crayons (*a*) ; c'eft que depuis la diffolution de fa Monarchie, jufqu'à la paix d'Antalcidas, époque où nous reprenons fon hiftoire, c'eft-à-dire, pendant un intervalle de plus de fept fiècles & demi, toujours faible & ignorée, ne communiquant, avec le refte de la Grèce, que par les jeux ou la religion, cherchant fans ceffe des protecteurs parmi fes voifins, & n'y trouvant que des maîtres, elle n'a pas acheté, par un feul évènement mémorable, les regards de la

---

(*a*) Voyez, fur la Monarchie de Thèbes, le troifième volume de cette *Hiftoire de la Grèce*, pag. 1.

poſtérité ; il a fallu qu'Epaminondas &
Pélopidas naquiſſent , pour tirer cette
Puiſſance de ſa longue léthargie , &
encore , l'hiſtoire de Thèbes , à cette
époque brillante , n'eſt guere que celle
de ces deux grands hommes.

La paix d'Antalcidas , ſi ignominieuſe
pour la Grèce , rendait libres toutes les
villes de la Béotie , ce qui morcelait la
puiſſance de ſa Métropole , & lui ôtait le
peu de reſſort qui lui reſtait encore. Lacédémone , qui s'arrogeait la garantie du
traité , profita de la faibleſſe de Thèbes ,
pour la mettre ſous le joug , & elle le fit
avec une perfidie , plus digne d'un conquérant tel que Cambyſe , que des généreux deſcendans des Lycurgue & des
Léonidas.

Pour entendre tout le machiavéliſme
de cette politique Lacédémonienne , il
faut ſavoir que Thèbes , au tems de la
paix d'Antalcidas , était partagée en deux
factions ; l'une était pour la démocratie
ſimple , & l'autre pour l'ariſtocratie ; or ,

comme la concorde ne pouvait subsister à l'extérieur entre les citoyens, que par l'équilibre que le Gouvernement maintenait entr'elles, on avait soin de confier les premières Magistratures, également aux chefs des deux partis. Des deux Polémarques qui gouvernaient Thèbes, à l'époque où nous sommes, l'un (Isménias) dirigeait la faction populaire ; l'autre (Léontidas) était porté par la Noblesse ; ces deux hommes, qui par leurs places présidaient les Tribunaux, & commandaient les armées, se surveillaient sans cesse, & la ville, forte de leur désunion, ne croyait pas avoir besoin de se prémunir contre les entreprises des grandes Puissances du Péloponèse.

Le Spartiate Phébidas vint, sur ces entrefaites, à la tête de quelques troupes, camper sous les remparts des Thèbes, pour aider, s'il le fallait, Eudamidas son frère, qui faisait le siége d'Olynthe. Il se lia, pendant son séjour, avec Léontidas, & le perfide Polémarque lui proposa de s'emparer de la citadelle de Thèbes, pour faire paſſer la République entière ſous le joug de Lacédémone. Le Spartiate, initié dans le machiavéliſme de Lyſandre, & perſuadé, comme lui, que le crime ne l'eſt pas, quand il eſt heureux, entra dans toutes les vues du Polémarque, & un jour que les Thébains, tranquilles ſur la foi des traités, avaient dépoſé leurs armes, pour célébrer, avec plus de décence, la fête de Cérès, conduit par Léontidas, il ſe fit ouvrir les portes de la citadelle. Le ſuccès de la perfidie fut entier, on enleva, dans Thèbes, le Polémarque de la faction populaire, &, après l'avoir enchaîné, on en nomma un autre à ſa place; quatre cents Républicains, à la tête deſquels était Pélopidas, furent bannis; pour Epaminondas, qui, en qualité de citoyen pauvre & de Philoſophe, faiſait moins d'ombrage, on le laiſſa déclamer obſcurément dans la ville, contre la révolution. Le manteau de la Philoſophie, cacha ce grand homme aux yeux des tyrans de

Thèbes , comme nous verrons , dans la suite , le masque de la stupidité , cacher Brutus aux yeux des Tarquins.

La prise de Thèbes , fit grand bruit dans le Péloponèse ; toutes les Puissances , jalouses de Lacédémone , tonnèrent contre sa tyrannie , & , malgré son orgueil , elle fut obligée de reculer. Le jugement que rendit , dans cette affaire , son Sénat , jusqu'alors si renommé par son intégrité , prouve jusqu'à quel point les sages institutions de Lycurgue avaient dégénéré. Le résultat des délibérations , fut que Phébidas serait privé du commandement , & condamné à une amende , mais que la citadelle de Thèbes , resterait au pouvoir des Spartiates. Ainsi , par cette sentence contradictoire , on punissait le perfide , & on recueillait le fruit de sa perfidie.

Sparte ne s'en tint pas à cette infraction solemnelle du droit des gens ; elle envoya des Commissaires à Thèbes , qui firent le procès à Isménias ; l'infortuné Polémarque , à qui on ne pouvait reprocher d'autre crime, que d'avoir été Républicain à la manière de son pays, & non à celle des Spartiates, fut condamné à mort, & périt sur un échaffaut.

Un tel crime ne pouvait exciter que des murmures d'indignation dans tout le Péloponèse, & ce fut, par des crimes nouveaux, que les tyrans de Thèbes cherchèrent à les étouffer. Sparte, instruite que les bannis avaient trouvé un asyle dans Athènes, écrivit une lettre hautaine aux Archontes, pour leur ordonner de les chasser de l'enceinte de leurs murailles, & comme le silence du dédain fut la réponse des concitoyens d'Aristide & d'Alcibiade, Léontidas, ce perfide Polémarque, qui avait vendu sa patrie aux Lacédémoniens, envoya des assassins pour égorger les bannis, au milieu même d'Athènes; la trame, mal ourdie, n'eut pas tout le succès dont on s'était flatté, & Androclidas, seul, y perdit la vie.

Cependant, les deux seuls héros dont Thèbes, République, s'honore, ne s'endormaient pas fur les défaftres de leur patrie. Pendant qu'Epaminondas, veillant de près fes tyrans, dont il était lui-même mal obfervé, préparait, en fecret, la révolution, Pélopidas, retiré dans Athènes, affemblait les bannis, échauffait, de fon éloquence, leur ame incertaine, & les faifait jurer de rendre Thèbes libre, ou de s'enfévelir fous fes ruines.

Le jour pour l'exécution de cette grande entreprife étant fixé, les bannis s'approchent de Thèbes, & s'arrêtent à un bourg fitué à peu de diftance, pour concerter les moyens de pénétrer dans la ville, fans répandre un fang inutile. Pendant qu'on délibère, douze conjurés, liés enfemble par l'amitié la plus étroite, & rivaux de gloire & d'honneur, ayant Pélopidas à leur tête, s'offrent d'entrer les premiers dans Thèbes, & d'affronter le premier danger, qui eft toujours le plus grand, dans des entreprifes de cette nature. On applaudit à leur audace ; alors ils embraffent, les larmes aux yeux, leurs

compagnons, & fe mettent en marche,
vêtus à la légère, tenant des pieux, &
menant des chiens en leffe, comme s'ils
étaient des chaffeurs égarés. Ce déguife-
ment ne pouvait être utile que pour la
route. Lorfque les douze guerriers approchèrent de Thèbes, ils prirent des habits
de payfans, & entrèrent hardiment par
diverfes portes. On était alors à l'entrée
de l'hiver, & les flocons de neige qui
tombaient, leur donnèrent le prétexte de
fe couvrir le vifage. Ainfi ils arrivèrent,
fans être reconnus, jufqu'à la maifon
d'un fameux Républicain, nommé Charon,
qu'ils avaient inftruit, de longue main,
de la révolution qu'ils méditaient, & qui
brûlait, avec un petit nombre de fes
amis, d'en partager les périls & la gloire.

Parmi les conjurés, non bannis, que
Thèbes recelait dans fes remparts, était
Philidas, homme de plaifir, & qui, à ce
titre, était dans la faveur des tyrans. Il
donnait, ce jour-là, un grand feftin à
Archias, un des Polémarques, de la

faction Lacédémonienne, & à un grand nombre de Magiftrats, auffi mal intentionnés contre la patrie. Ce feftin était annoncé une comme orgie licentieufe où, quand les plaifirs de la table feraient épuifés, on amènerait, dans les bras des convives, les plus belles femmes de la ville. Les Magiftrats fe rendirent à l'heure fixée, & Philidas compta, avec une joie inquiète, toutes fes victimes.

Les têtes commençaient déja à s'échauffer, quand un bruit fourd fe répand, jufques dans la falle du feftin, que Charon recèle chez lui les bannis; Archias envoye auffi-tôt un de fes Officiers chez ce Républicain, avec ordre de l'amener à l'heure même. Le moment approchait où les conjurés devaient faire couler le fang des tyrans. Pélopidas, fes douze compagnons & leurs amis, en tout au nombre de quarante-huit, s'armaient de leurs cuiraffes, & faifaient étinceler leurs épées; tout-à-coup, on vient annoncer que Charon a ordre de fe rendre auprès du Polémarque. Personne ne doute, alors, que la conspiration ne soit découverte ; cependant on engage Charon à obéir, & , supposé que les tyrans n'eussent que des soupçons vagues, de tâcher à les dissiper, par la sécurité apparente , de ses discours & de son visage.

Charon, homme à la fois sensible & courageux , savait braver les dangers pour lui-même, mais la destinée de ses amis l'effrayait. Il craignait , sur-tout , si Pélopidas & les bannis venaient à périr, qu'on ne le soupçonnât de les avoir attirés dans sa maison , pour les livrer à leurs bourreaux ; sa grande ame ne peut tenir à cette idée de perfidie , il court dans l'appartement de sa femme , prend son fils, âgé de quinze ans, l'unique espoir de sa maison , & le remettant entre les mains de Pélopidas : »ami, lui dit-il, mon » ame t'est connue , sans doute ; mais si » jamais je manque à la confiance dont » tu m'honores, si je deviens jamais un » des satellites des tyrans , je t'abandonne

» mon fils, punis-le des crimes de fon
» père , & prends ta victime «.

Pélopidas , ému de ce trait de grandeur
d'ame , fe réunit avec les conjurés , pour
engager Charon à ne point laiffer fon fils
parmi des profcrits , & à l'envoyer plutôt
hors de Thèbes , pour conferver à la patrie
un vengeur. » Non , répond le généreux
» Républicain , il n'aura pas d'autre def-
» tinée que celle de Pélopidas ; eh ! quelle
» mort plus glorieufe peut-il efpérer que
» celle qui nous attend ? l'élite des citoyens
» n'eft-elle pas renfermée dans ces murs ?
» Thèbes & la poftérité n'ont-elles pas
» les yeux fixés fur nous ? & toi , mon
» fils , prends , dans l'âge de l'adolefcence,
» le courage qui femble ne convenir qu'à
» la maturité ; combats pour la meilleure
» des caufes , & meurs , s'il le faut , pour
» elle «. — Tout le monde était dans
le filence de l'enthoufiafme ; Charon en
profite , pour adreffer une courte prière
aux Dieux tutélaires de la patrie , em-
braffe tous les conjurés les uns après les

autres, ferre fon fils entre fes bras, & va trouver le Polémarque.

Archias inquiet, était déja forti pour aller au-devant de Charon. Celui-ci compofe fon vifage & fa voix, & perfuade au Polémarque, que le bruit de confpiration qui venait de fe répandre, ne venait que d'efprits mal faits, qui cherchaient indirectement à troubler fes plaifirs. Le tyran, dont les fumées du vin commençaient à altérer la raifon, crut ce qu'il defirait lui-même, &, rentrant dans la falle du feftin, rendit aux convives toute leur fécurité.

Charon, de retour chez lui, trouva les conjurés difpofés, non à combattre, mais à mourir; le récit de fon entrevue releva leurs efpérances; ils fe partagèrent à l'inftant en deux bandes, dont l'une, conduite par Pélopidas, marcha contre Leonridas, qui n'était pas du feftin, & l'autre, ayant Charon à fa tête, s'achemina vers la maifon, où on s'occupait à enivrer le Polémarque. Ces derniers,

pour donner moins d'ombrage, se revêti-
rent, par-dessus leurs cuirasses, de robes
de femmes, & ceignirent leur tête de
couronnes de peupliers, qui, tombant sur
leur visage, servaient à déguiser leur sexe.
Il était tems de consommer la révolution,
car, pendant que les conjurés étaient en
route, un courier extraordinaire, arrivé
d'Athènes, venait donner tous les détails
de la conspiration ; on l'amena à Archias,
à qui il dit, en remettant ses dépêches,
qu'il s'agissait de l'affaire la plus sérieuse :
eh bien, dit le Polémarque à demi ivre,
à demain les affaires sérieuses, & renvoyant
le courier, il demanda à boire.

A peine l'Athénien est-il parti, qu'on
annonce aux convives, que les beautés
les plus piquantes de Thèbes, viennent
partager leurs plaisirs, alors un cri de joie,
qui s'élève de toutes parts, indique au
maître de la maison, que sa patrie touche
au moment d'être libre ; cependant, pour
plus grande sûreté, il fait entendre au
Polémarque, qu'il devrait, par décence,

congédier les efclaves, & auffi-tôt on les
fait paffer dans une maifon voifine, où
le vin de leur eft point épargné. Les conjurés, maîtres, par ce ftratagême, du
champ de bataille, fe dépouillent, à la
porte de la falle, de leurs robes de
femme, jettent leurs couronnes, & entrant, l'épée à la main, égorgent Archias
avec les Magiftrats de la nomination de
Lacédémone.

Les autres conjurés eurent plus befoin
de courage que d'adreffe ; car Léontidas,
dont ils voulaient fe défaire, avait la
valeur d'un Spartiate, avec fa fobriété.
Arrivés à fa porte, ils la trouvèrent fer-
mée, parce que la nuit était deja avancée,
& ils heurtèrent long-tems, fans que
perfonne s'empreffât de répondre. A la
fin un efclave parut. Pélopidas & fa
troupe fondent fur lui, le renverfent, &
cherchent à l'envi Léontidas. Celui-ci,
réveillé par le tumulte, fe doute qu'on
en veut à fa vie, s'élance de fon lit, &
prend fon épée. Malheureufement pour

ce tyran, il oublia d'éteindre un flam-
beau, ce qui aurait pu, en armant les
conjurés les uns contre les autres, affurer
fa fuite ; auffi Pélopidas, guidé par une
lumière propice, dirigea fes coups fûre-
ment, & après un combat opiniâtre, il
le perça de fon épée & le laiffa fans vie.

Pélopidas n'attendit pas le point du
jour, pour confommer le grand ouvrage
de la révolution ; il envoya avertir le
refte des bannis qui l'avaient fuivi d'A-
thènes, d'entrer dans Thèbes ; en même-
tems Epaminondas raffemble, fous les
drapeaux de la liberté, les Républicains
qui avaient échappé à la profcription, &
tous enfemble vont forcer les portes des
prifons, & rendent la liberté à cinq cents
victimes de la tyrannie de Lacédémone.

Le foleil levant éclaira de fes rayons
la liberté de Thèbes. L'affemblée du
peuple ayant été convoquée, on vit paraître Pélopidas avec un cortège de Prêtres, portant les fimulacres des Dieux
tutélaires de la patrie, & le héros annonça

que, grace au Ciel & à fon épée, la ville était délivrée de fes tyrans. Les Thébains accueillirent, avec tranfport, fa harangue, & le nommèrent à l'inftant, avec deux autres conjurés, aux premières Magiftratures.

La nouvelle de l'entreprife héroïque de Pélopidas, ne tarda pas à fe répandre dans toute la Grèce. Les villes alliées de Thèbes, & Athènes fur-tout, s'empreffèrent de lui envoyer des troupes, pour achever de fecouer le joug de Lacédémone, & le héros, fe voyant à la tête d'une armée de douze mille hommes d'infanterie & de deux mille chevaux, tenta d'abord le fiége de la citadelle.

La place comptait quinze cents foldats dans fes remparts, & ces quinze cents foldats étaient tous des Spartiates. Pélopidas vit bien que, tant qu'il en refpirerait un feul, il ne pourrait la prendre d'affaut, & il fe détermina à changer le fiége en blocus. En effet, quand les vivres manquèrent tout-à-fait dans la citadelle, on parla de capituler. Pélopidas , qui craignait l'arrivée d'une armée de Lacédémone , se hâta d'accorder à la garnison les conditions les plus avantageuses ; elle sortit en ordre de bataille , & choisit elle-même le lieu de sa retraite. L'évènement justifia la prudence du héros de Thèbes ; car les Lacédémoniens étaient à peine arrivés à Mégare , qu'ils trouvèrent leur Roi Cléombrote , à la tête d'une puissante armée , qui venait à leur secours. On ne peut exprimer la fureur de Sparte , quand elle apprit que la révolution de Thèbes était consommée ; ses Éphores firent le procès aux trois Officiers qui commandaient dans la citadelle ; les deux premiers furent punis de mort , & l'autre , ne pouvant payer l'amende considérable à laquelle il était condamné , se bannit lui-même du Péloponèse.

COMMENCEMENS

DE

PÉLOPIDAS et d'ÉPAMINONDAS.

Pélopidas, le libérateur de Thèbes, était d'une famille illustre. Il se trouva, étant encore jeune, héritier d'une fortune immense, qui lui servit (trait assez rare dans une République), non à se mettre à la tête d'une faction, mais à se faire des amis ; tous ses concitoyens qui étaient indigens, vécurent, sans rougir, de ses bienfaits, excepté Epaminondas, qui fier de la pauvreté vertueuse qu'il avait reçue en héritage de ses pères, ne voulut point s'en défaire, satisfait d'en adoucir le poids avec de la philosophie. Cette pauvreté sans faste, compagne inséparable de la grandeur d'ame, put faire naître, sans doute, le sentiment de la pitié dans la multitude, mais elle excita l'envie de Pélopidas.

Pélopidas, déja uni par l'estime à Epaminondas, se lia avec lui de l'amitié la plus tendre, à une bataille où celui-ci lui sauva la vie; l'aîle où ces deux héros combattaient, fut rompue au premier choc; alors ils joignirent leurs boucliers, se serrèrent ensemble, &, soutenant seuls l'honneur de leur patrie, ils se firent un rempart des corps qui tombaient sous leurs coups. On n'était plus au tems du siége de Troye, où un Achille faisait fuir la moitié d'une armée. Pélopidas, malgré sa bravoure, tomba, percé de sept coups d'épée sur un monceau de cadavres. Epaminondas, à l'instant, s'élance devant lui, pour empêcher que l'ennemi ne le dépouille de ses armes; mais atteint lui-même d'un coup de pique dans l'estomach, & le bras percé d'une flèche, il allait succomber, quand le Roi de Sparte, Agésipolis, vint, de l'autre aîle, au secours des deux héros, & les fauva contre toute efpérance.

L'amitié d'Epaminondas & de Pélopidas, fut, de ce moment, un modèle pour la Grèce entière; on la citait avec un enthoufiafme religieux, comme celle de Pylade & d'Orefte, & quoiqu'ils euffent toujours été enfemble dans les Magiftratures, ou à la tête des armées, la rivalité qui tue les amitiés vulgaires, ne fit que donner plus de reffort à celle de ces grands hommes.

La vie d'Epaminondas, par Plutarque, s'eft perdue; mais le bonheur qu'il eut d'avoir le plus illuftre citoyen de Thèbes pour ami, fait que cette vie précieufe fe retrouve prefque toute entière dans celle d'un fecond lui-même. L'Hiftorien de Pélopidas, nous montre dans tout fon jour, Epaminondas homme privé. Pour Epaminondas homme d'Etat, fon hiftoire eft celle de fa République.

Epaminondas, né vers l'an 1192 de l'Ere de Paros, defcendait, dit-on, d'un des compagnons de Cadmus ; ainſi l'origine de ſa maiſon ſe confondait avec celle de ſa patrie. La pauvreté de ſon père, ne l'empêcha pas de lui donner une éducation brillante. On nous a tranſmis les noms de ſon maître de lyre & de ſon maître à danſer, ce qui importe aſſez peu à la poſtérité ; pour ſon maître de philoſophie, il a un nom qui tient à l'hiſtoire de l'eſprit humain ; c'eſt Lyſis, un des élèves de Pythagore, qui réuniſſait les lumières du Philoſophe de Samos, à l'ame de Socrate.

Epaminondas tira du commerce de Lyſis, une douceur de mœurs qui fit, dans la ſuite, la baſe de ſon caractère ; ce grand homme, quoiqu'apprivoiſé, par patriotiſme, avec le ſpectacle affreux des combats, n'aimait point le ſang ; il ſe défiait de la plus juſte des cauſes, quand elle était obligée de le répandre ; auſſi n'entra-t-il d'abord qu'indirectement dans la conſpiration de Pélopidas, non qu'il ne brûlât de voir Thèbes libre, mais parce qu'il croyait que la révolution ne pouvait s'opérer sans des massacres, dont l'homme sensible aurait à gémir, lors même que l'homme d'Etat pourrait en tirer gloire.

L'honneur d'avoir délivré la patrie du joug de ses tyrans, appartient donc au seul Pélopidas, & la République, créée par ce héros, n'oublia jamais un pareil service. On observe que tant qu'il vécut, il fut à la tête des armées, ou dans les premières Magistratures ; la politique, dans Thèbes, n'avait point raisonné l'ingratitude, comme dans Athènes, & les citoyens pouvaient y devenir de grands hommes, sans craindre l'ostracisme.

Pélopidas eut à soutenir, sur les champs de bataille, la gloire dont il s'était couvert la nuit de la révolution, & il le fit de la manière la plus brillante ; il vainquit les Lacédémoniens à Platée, à Thespies, & sur-tout à Tanagre, où le Général ennemi fut tué de sa propre main.

Tous ces combats n'étaient, à la vérité,

ni importants ni décififs, mais ils apprenaient toujours à l'orgueilleufe Sparte, qu'en tyrannifant la Grèce, elle ceffait d'être invincible.

La bataille de Tégyre, mit un peu plus de poids dans la balance politique. Les Thébains qui fe croyaient encore éloignés des Lacédémoniens, les rencontrèrent à peu de diftance des défilés de la Locride. Ces derniers étaient très fupérieurs en nombre, & à la vue d'un danger auffi éminent, un foldat effrayé vint, en courant de toute fa force, dire à Pélopidas, *nous voilà tombés entre les mains des ennemis.* Le héros, fans fe déconcerter, lui répondit en fouriant, *dis plutôt que l'ennemi eft tombé entre les nôtres ;* ce mot feul encouragea les Thébains, & fut, pour eux, un gage de la victoire.

Le combat commença par la cavalerie ; la mêlée fut terrible ; on fit, de part & d'autre, des prodiges de valeur, & les Spartiates ne commencèrent à céder, que quand ils virent leurs deux Polémarques, Théopompe & Gorgoléon, étendus morts sur le champ de bataille. Ce fut l'infanterie Thébaine, composée uniquement de trois cents hommes, mais égaux en valeur aux trois cents héros des Thermopyles, qui décida la victoire ; quand l'armée Lacédémonienne se vit sans chef, elle s'ouvrit, pour donner passage aux Thébains ; mais Pélopidas, dédaignant de faire une retraite, même glorieuse, quand il pouvait vaincre, au lieu de faire marcher ses soldats au milieu des rangs entr'ouverts, les conduisit contre ceux des ennemis qui étaient encore en bataille, & en fit un grand carnage.

Cette journée mémorable de Tégyre, fut la première qui apprit à la Grèce, que ce n'est pas l'Eurotas qui fait l'homme belliqueux ; elle vit que la valeur se trouvait par-tout, où des hommes libres étaient conduits par des chefs qui aimaient la gloire. En effet, jusqu'à ce moment, il n'était jamais arrivé que des Spartiates

euſſent été battus, même à forces égales;
Tégyre leur ôta toute leur renommée, &
cette bataille annonça celle de Leuctres,
qui devait leur ôter toute leur puiſſance.

Il importe de faire connaître ici, les
trois cents héros de Thèbes qui ſe cou-
vrirent de gloire à Tégyre; ils formaient
ce qu'on appellait le bataillon ſacré; c'était
l'élite de l'infanterie; la République l'entretenait elle-même à ſes frais, & en tems
de paix, le mettait en garniſon dans ſa
citadelle. Les Légiſlateurs, pour le rendre
invincible, avaient voulu qu'on n'y en-
trât que par couple d'amans. Ce mot ne
doit point allarmer une imagination ver-
tueuſe; car nous avons prouvé que
l'amour, parmi les jeunes gens du même
ſexe, ne déſignait, dans la Grammaire
Grecque, que l'enthouſiaſme de l'amitié,
réuni à celui de la gloire. Les amans du
bataillon ſacré, avaient un double motif
pour ne rien faire d'indigne de leur
renommée; car ils combattaient à-la-fois
ſous les yeux de leur Général, & ſous

ceux du confident de leurs penfées ; fouvent même le dernier motif fuffifait pour exalter leur ame. Un de ces héros, porté à terre dans la mêlée, fe retourne, & voit l'ennemi prêt à le percer par derrière. *Soldat*, lui dit-il, *voici mon fein ; c'eft ici qu'il faut frapper. Sauve à ce que j'aime, l'affront de me voir périr fans gloire.*

Le bataillon facré refta invincible jufqu'à ce qu'il fût anéanti. Ce défaftre arriva au combat de Cheronée ; Philippe de Macédoine, qui vainquit dans cette fameufe journée, parcourant le lendemain le champ de bataille, vit les trois cents guerriers de Thèbes tous étendus les uns à côté des autres, & percés par-devant de longues javelines. Ce fpectacle le remplit d'admiration, & comme de vils Courtifans qui l'entouraient, ofaient envenimer le mot d'amans qui fervaient à les défigner, *périffent*, dit-il, *ceux qui ofent foupçonner que de fi braves gens ayent jamais pu manquer à la vertu !*

Après la bataille de Tégyre, la vie de Pélopidas & d'Epaminondas, fait plus que jamais partie de l'hiſtoire de leur République.

BATAILLE DE LEUCTRES.

Sparte humiliée songea à réparer son ignominie ; elle fit partir une armée de vingt-quatre mille hommes, sous les ordres de son Roi Cléombrote, afin de renverser Thèbes de fond en comble. Thèbes n'en avait que six mille à lui opposer ; mais une partie de ces guerriers avait vaincu à Tégyre, Epaminondas était leur Général, & le bataillon sacré marchait sous la conduite de Pélopidas. Cependant la terreur s'était emparée de la ville ; les Prêtres faisaient parler des Dieux faibles ou irrités, & on n'annonçait, partout, que des présages sinistres. Epaminondas, que la philosophie avait agguerri contre les terreurs de la superstition, était obligé d'avoir sans cesse à la bouche, ce beau mot d'Homère, qu'*il n'y a point de présage sinistre, quand on combat pour la patrie.* A la fin, ce grand homme donna son ame à ses concitoyens, & l'effroi de la Nation disparut.

Pélopidas, de son côté, avait eu aussi à combattre les terreurs de sa famille, & son courage héroïque ne l'avait rassurée qu'à demi. Le jour qu'il sortit de Thèbes pour se rendre à l'armée, sa femme l'accompagnait vers les remparts, fondant en larmes, & le conjurant de se conserver. *Oui,* dit-il, *voilà ce qu'il faut recommander à la jeunesse qui sert ; pour l'homme mûr qui commande, il ne faut lui recommander que de conserver les autres.*

On est fâché, après ce mot mémorable, de voir des rêves superstitieux à Pélopidas. Voici le fait, tel que Plutarque nous l'a transmis. Le bataillon sacré était arrivé dans la plaine de Leuctres ; il y trouva le tombeau des filles de Scédase, qui, suivant une ancienne tradition, ayant été violées par des Spartiates, à qui elles avaient donné l'hospitalité, s'étaient donné la mort, pour ne point survivre à leur ignominie Comme l'imagination de Pélopidas travailla long-tems fur cet évènement funefte, la nuit les mêmes objets fe retraçant dans fon cerveau, il crut voir le père de ces infortunées, qui, pour appaifer leurs mânes, lui ordonnait d'immoler une vierge fur leur tombe. Comme la victoire fur Lacédémone, devait, fuivant la vifion, être le prix de fon obéiffance, il eut la faibleffe d'en faire part aux Augures & aux Généraux, ce qui donna de l'importance à cette erreur religieufe.

Les Augures parlèrent la langue de leur état, citèrent le facrifice d'Iphigénie, & voulurent qu'on enfanglantât la tombe des filles de Scédafe. Les guerriers, dit le bon Plutarque, que je ne fais qu'ana-lyfer ici, mirent le cri de la douce hu-manité, en oppofition avec la voix des Prêtres » Le Ciel, à les croire, ne pou-» vait prendre plaifir à voir répandre un » fang innocent. En effet, ce ne font pas » les Encelades & les Typhons qui rè-

» gnent

» gnent fur le globe. Le feul impie eft
» l'homme cruel, qui fait abreuver les
» Dieux du fang de fes adorateurs, &
» s'il fe trouvait quelque génie du mal,
» dont la nature fût auffi perverfe, il
» faudrait abandonner fon culte & ren-
» verfer fes autels «.

Au milieu du tumulte que faifait naître
ce partage de fentimens, une géniffe in-
domptée s'échappa tout-à-coup du haras
où elle était renfermée, & traverfa les
rangs du bataillon facré, qui faifait alors
fes évolutions. Le Devin Théocrite, pour
ne pas faire mentir tout-à-fait les Dieux
du fang, dont il était l'interprête, s'ap-
prochant alors de Pélopidas, *voici votre
victime*, s'écria-t-il, & à l'inftant il faifit
la géniffe, & alla l'immoler fur le tombeau des filles de Scédafe.

La bataille, entre Thèbes & Lacédémone, fuivit de près le facrifice ; l'action
commença par la cavalerie ; comme celle
d'Epaminondas était mieux montée &
plus aguerrie, elle rompit fans peine

celle de Cléombrote, qui, en se renver-
sant sur son infanterie, commença à la
mettre en désordre. Le Roi de Sparte ne
perdit point la tête; afin de faire diver-
sion, il détacha, de son centre de bataille,
un corps nombreux, à qui il ordonna de
prendre le vainqueur en flanc, & de l'en-
velopper. Cette manœuvre pouvait dé-
cider du sort de cette journée mémorable;
heureusement Pélopidas s'en apperçut,
& accourant à la tête de son bataillon
sacré, il mit cette nouvelle division en
déroute, avant qu'elle pût exécuter l'ordre
de son Général. Cléombrote vit enfin,
que le génie de Thèbes l'emportait sur
celui de Lacédémone; alors, dédaignant
de conserver une vie que sa défaite allait
flétrir, il se jetta au milieu du bataillon
sacré, & y périt couvert de blessures.

La mort de Cléombrote réveilla la
valeur des Spartiates; honteux de voir
le corps de leur Roi entre les mains de
l'ennemi, ils firent des efforts incroyables
pour le dégager, & ils y réussirent; animés

par ce fuccès, ils tentèrent enfuite de
rétablir l'ordre du combat, mais la lâcheté des troupes auxiliaires, trahit leurs
efpérances. L'aîle gauche qu'elles com-
pofaient, prefque toute entière, voyant
la phalange Lacédémonienne rompue, &
le Roi tué, prit la fuite, & entraîna avec
elle le refte de l'armée. Quatre mille
hommes reftèrent fur la place, du côté
des vaincus, & feulement trois cents de
celui des vainqueurs. Cette bataille, qui
donna à Thèbes, pour quelque tems,
l'empire que Lacédémone s'était arrogé
fur la Grèce, eft de l'an 1211 de l'Ere
de Paros, qui répond à la feconde année
de la cent deuxième Olympiade.

EXPLOITS D'ÉPAMINONDAS

ET

DE PÉLOPIDAS.

LA PATRIE LES CITE DEVANT SES TRIBUNAUX.

LA victoire de Leuctres valut aux héros qui l'avaient remportée, le titre de Gouverneurs de la Béotie ; ils profitèrent de la terreur qu'ils avaient inspiré au Péloponèse, pour détacher un grand nombre de peuples du joug de Lacédémone. Argos, l'Elide, l'Arcadie, entrèrent dans la confédération Thébaine, & de la réunion de tous ces nouveaux alliés, il se forma, peu-à-peu, une armée de soixante & dix mille hommes, avec laquelle Epaminondas & Pélopidas se firent les arbitres de la Grèce.

Les premiers exploits des héros de Thèbes, eurent, pour théâtre, la Laconie. Depuis six cents ans que les Doriens s'étaient établis dans ce beau pays, il n'avait jamais vu d'ennemi dans son sein. L'armée Thébaine, trouvant une terre vierge, la parcourut la flamme à la main, & la pilla impunément jusqu'à la rivière de l'Eurotas, qui sert de murailles à Lacédémone.

Nous avons deja vu, dans la vie d'Agéfilas, toute l'histoire de cette fameufe invafion des Thébains (*a*). Epaminondas aurait vivement defiré d'entrer en vainqueur dans Sparte, & d'y ériger un trophée ; mais il n'ofa pas attirer, fur fa

----

(*a*) Voyez le commencement du tome VII de cet Ouvrage. Nous avions raffemblé quelques faits fur le fiége de Sparte, que nous comptions placer ici, mais leur futilité ou leur peu de certitude nous empêche de les expofer. Tout bien pefé, nous n'ajouterons rien aux détails de ce fiége, qu'on a déja lus dans la vie d'Agéfilas.

patrie , toutes les forces des Puiſſances rivales , qui , jalouſes de ſes conquêtes , ne lui auraient jamais pardonné d'avoir , par la deſtruction de la République de Lycurgue , arraché un œil à la Grèce.

Epaminondas quitta la Laconie , content d'avoir humilié l'orgueil de Sparte , & il le diſait d'une manière qui peint toute la gaité de ſon caractère : on ſait que les Lacédémoniens , perſuadés que la pompe des mots ne déſigne , d'ordinaire , que la ſtérilité du génie , s'étaient faits une éloquence à eux , qui ne conſiſtait que dans la préciſion & dans l'énergie ; c'eſt d'après ce caractère national , qu'une Spartiate , miſe à l'encan , & interrogée par ſon maître ſur ce qu'elle ſavait faire , ne répondit que ce mot , *être libre.* Nous verrons , dans la vie de Philippe de Macédoine , ce Prince écrire aux Ephores , *ſi j'entre en Laconie , j'y mettrai tout à feu & à ſang ,* & les Ephores , écrire au bas de la lettre , qu'ils renvoyaient *Si.* Lorſqu'Epaminondas rentra dans Thèbes , vainqueur de Lacédémone, voyant ſes Ambaſſadeurs, confus & humiliés, ſe répandre en vagues diſcours, *enfin*, dit-il plaiſamment à un de ſes amis, *j'ai forcé Sparte à allonger ſes mono-ſyllabes.*

Cette gaité d'Epaminondas, lui faiſait d'autant plus d'honneur, qu'il ſe trouvait dans un danger éminent, pour avoir déſobéi à ſa République. La place de Gouverneur de la Béotie, dont on l'avait revêtu, ainſi que Pélopidas, était une Magiſtrature annuelle, & il y avait peine de mort prononcée, contre le ci-toyen qui oſait la retenir au delà du terme preſcrit par la loi. Les deux héros de Thèbes, qui étaient entrés dans la Laconie au ſolſtice d'hyver, c'eſt-à-dire à la fin du dernier mois de l'année, voyant le ſuccès de leurs armes, voulurent conti-nuer le cours de leurs conquêtes; ils pen-ſaient que l'intérêt de la patrie, devait les autoriſer à mettre un moment un voile ſur la loi, &, ſous ce prétexte, ils fe prorogèrent quatre mois de plus, dans le commandement des armées.

Personne n'a le droit de fe mettre au-deffus de la loi, même quand il s'agit de l'intérêt public, parce qu'alors on fe conftitue juge entre foi & fa patrie, ce qui eft le renverfement du pacte focial. Rome, en pareil cas, couronnait fes Généraux vainqueurs, & les mettait à mort. Thèbes, d'après ces principes auftères, mais juftes, fit le procès aux conquérans de la Laconie, & peu s'en fallut, qu'après les avoir couronnés de lauriers, elle ne les envoyât au fupplice.

Pélopidas fut cité le premier devant les Magiftrats. Ce guerrier, fi fier dans les combats, perdit tout fon courage, quand il fe vit traîné en criminel au pied des tribunaux; fon difcours timide & rampant, annonça fes remords; cependant il fut renvoyé abfous; c'eft que les Sénateurs, quoique mal difpofés, fe fouvinrent que fi, la nuit célèbre de la révolution, ce fameux coupable n'avait égorgé leurs tyrans, ils ne feraient pas alors au nombre de fes Juges.

Epaminondas mit, dans fa défenfe, plus de grandeur d'ame & de fierté; au lieu de defcendre à la juftification, il parla de fes exploits; il raconta comment, dans les quatre mois qu'avait duré fa défobéiffance, il avait humilié la fierté de Lacédémone, porté la flamme autour de fes édifices, & ravi à fes Rois le fceptre du Péloponèfe; il termina fon difcours, en difant, que fi les Thébains voulaient lui laiffer, à lui feul, la gloire d'une pareille entreprife, il verrait, avec joie, fa tête tomber fur un échaffaut. Une audace auffi magnanime, tranfporta tous les Magiftrats. Ce grand homme obtint tous les fuffrages, & fortit du tribunal, où on l'avait conduit comme criminel d'Etat, auffi triomphant & couvert de gloire, qu'il avait coutume de fortir du champ de bataille.

AMBASSADE

DE

PÉLOPIDAS

A LA COUR

DE PERSE.

LA puiſſance de Thèbes, depuis la bataille de Leuctres & le ſiége de Sparte, commençait à allarmer toute la Grèce. On craignait qu'avec le génie d'Epaminondas & l'épée de Pélopidas, cette République n'en uſurpât la Monarchie ; les Puiſſances rivales, ne croyant pas leur confédération aſſez forte pour rétablir l'équilibre, eurent la baſſeſſe de faire intervenir la Cour de Perſe dans leurs querelles ; ainſi, Artaxerxe, comme garant de l'infâme traité d'Antalcidas, reçut, dans Suze, les Ambassadeurs de toutes les grandes villes du Péloponèse.

Ce fut Pélopidas qui fut envoyé de Thèbes en Perse, pour veiller aux intérêts de sa patrie; sa renommée l'y avait précédé. Son arrivé, dans Suze, fut une espèce de triomphe. *Le voilà, disaient les Satrapes, ce héros terrible, qui a forcé Sparte à se renfermer entre l'Eurotas & le mont Taygète; Sparte, qui affectait l'empire des mers; Sparte, à qui Agésilas avait promis la conquête de Suze & d'Ecbatane!*

Le Roi des Rois, quand il vit le héros de Thèbes, l'accueillit d'abord par vanité, mais dans la suite, enchanté de son commerce, il le fit par estime. En effet, dit Plutarque, l'éloquence de cet homme célèbre, était plus pleine que celle des Ambassadeurs d'Athènes, sans être moins simple que celle des Ambassadeurs de Lacédémone. Son crédit, à la Cour d'Artaxerxe, le rendit bientôt l'arbitre suprême du traité. C'eſt d'après ſes inſinuations, qu'il fut ſtatué, 1°. que Meſsène ſerait affranchie du joug de Lacédémone ; 2°. qu'Athènes retirerait, dans ſes ports, la flotte qu'elle avait envoyée, pour inſeſter les côtes de la Béotie ; 3°. que les Puiſſances de la nouvelle confédération, traiteraient en ennemies toutes les villes qui refuſeraient d'y accéder. Les conférences ſe terminèrent par une alliance ſolemnelle entre Thèbes & la Perſe, dont la deſtruction des deux Etats devait ſeule mettre des bornes à la durée. Tel fut le ſuccès de la négociation de Suze ; la Grèce, conjurée envain contre les Thébains, s'y couvrit d'ignominie, & la baſſeſſe avec laquelle elle mendia la protection des barbares, ne ſervit qu'à augmenter encore la puiſſance des vainqueurs de Leuctres & du Péloponèſe.

Il était d'uſage, quand des Ambaſſadeurs prenaient congé du Roi des Rois, que ſa magnificence ſe déployât envers eux, par des préſens ſuperbes. Artaxerxe envoya à Pélopidas les dons qu'il croyait devoir flatter le plus fa vanité ; mais ce grand homme qui , ne travaillant que pour fa patrie , n'attendait que d'elle fa récompenfe , les refufa ; feulement, pour ne point révolter , par une hauteur apparente , le Prince qui l'avait accueilli , il choifit , parmi ces monumens du fafte oriental , quelques bagatelles , qui pouvaient faire juger , dans la Grèce , du fuccès de fa négociation. Les autres Ambaffadeurs , mirent moins de délicateffe dans leurs procédés ; quoique leur politique eût échoué contre celle de Pélopidas , ils fe firent combler de préfens par les Barbares qui les avaient joués ; & , de retour dans leur patrie , ils étalèrent , avec audace , devant leurs concitoyens , les monumens de leur ineptie & de leur baffeffe.

Athènes , à cette époque , était une des Puiffances du Péloponèfe qui avait le moins dégénéré ; auffi elle punit Timagoras , fon Ambaffadeur , de l'avoir fi mal repréfentée en Afie. Le procès de cet homme avare & lâche, fut inftruit avec folemnité ; il fut prouvé, que non-feulement il avait mendié les préfens d'Artaxerxe , mais que même , par une intelligence coupable avec Pélopidas , il avait trahi , en faveur de Thèbes , les intérêts de fa patrie. Ce dernier crime fouleva tous les ordres de la République ; le crédit du coupable , ni fon opulence, ne purent le fauver , & il fut envoyé au fupplice.

Fin du Tome VIII de l'Hiftoire de la Grèce.

TABLE

DES CHAPITRES.

SUITE DE L'HISTOIRE DE LA GRECE.

Fin de la Table des Chapitres.